学会学习
强化你的学习技能和脑力

（修订版）

[美] Gloria Frender

明月　张文平　译

激励出版物
世界图书出版社出版
斯科特-费策尔旗下公司

电子工业出版社·
Publishing House of Electronics Industry
北京 · **BEIJING**

内 容 简 介

学习与每个人毕生相伴，如何高效地学习，如何让学习更加快乐，是我们每个人都必须思考的问题。

《学会学习》是一本教会你高效学习的实用手册。本书首先从学习模式、时间管理和学习规划技巧三个方面针对不同模式学习者规划了不同的学习方法。在此基础上，《学会学习》从学习实践出发，分享了做笔记、阅读、记忆、应试等多方面的学习技巧。相信通过阅读本书的学习方法，并加以使用，一定可以让你学习时如有神助，事半功倍，从而成为学习道路上的强者。

Learning to Learn

Copyright © 2014 World Book, Inc./Incentive Publications

This volume may not be produced in whole or in part in any form without prior written permission from the publisher

Simplified Chinese Copyright © 2016 by Publishing House of Electronic Industry Simplified Chinese edition is published by arrangement with World Book, Inc. through Chengdu Rightol Media & Advertisement CO., LTD

本书简体中文专有翻译出版权由成都锐拓传媒广告有限公司代理 World Book, Inc./Incentive Publications 授权电子工业出版社，专有出版权受法律保护。

版权贸易合同登记号图字：01-2015-5382

图书在版编目（CIP）数据

学会学习 / （美）芬瑞得（Frender,G.）著；明月译. —北京：电子工业出版社，2016.3
书名原文：Learning to learn: strengthening study skills and brain power (revised edition)
ISBN 978-7-121-27930-0

Ⅰ. ①学… Ⅱ. ①芬… ②明… Ⅲ. ①学习方法－青年读物 Ⅳ. ①G791-49

中国版本图书馆 CIP 数据核字（2015）第 308574 号

责任编辑：孙学瑛
印　　刷：北京天宇星印刷厂
装　　订：北京天宇星印刷厂
出版发行：电子工业出版社
　　　　　北京市海淀区万寿路 173 信箱　邮编　100036
开　　本：880×1230　1/24　印张：11.25　字数：220 千字
版　　次：2016 年 3 月第 1 版
印　　次：2024 年 2 月第 16 次印刷
定　　价：49.00 元

凡所购买电子工业出版社图书有缺损问题，请向购买书店调换。若书店售缺，请与本社发行部联系，联系及邮购电话：（010）88254888，88258888。

质量投诉请发邮件至 zlts@phei.com.cn，盗版侵权举报请发邮件至 dbqq@phei.com.cn。

本书咨询联系方式：（010）51260888-819，faq@phei.com.cn。

成功的学习技巧

S 确立目标。
U 明智地使用有效学习时间。
C 一次聚焦一项任务。
C 投入地学习。
E 评价学习风格。
S 安排合适的学习时间。
S 经常总结。
F 聚精会神地记忆。
U 理解学习任务。
L 列出优先级。

S 订立切实可行的目标。
T 积极思考。
U 给予奖励。
D 努力成为自主学习者。
Y 形成体现自我优势的学习风格。

S 细读前先浏览。
K 当日任务当日完成。
I 改善自己的记忆方法。
L 课堂上认真听讲。
L 学会事事有条理。
S 学会成功的应试技巧。

目　　录

学习模式

时间管理和学习规划技巧

笔记记录技巧

阅读技巧

记忆

应试技巧

拾遗

谁需要学习技巧

　　说到运用成功的学习技巧，不同能力水平的学生都力有不逮。就像登山者要在背包里准备合适的装备一样，学生学习如何学习，学会运用行之有效的学习技巧，的确十分必要。

　　在人生旅程中，我们总是不断被新的山峰挑战和考验，有可靠的工具助力，我们就能顺利登上成功之巅。在我们的登山包里，合适的背景经验和工具装备是成功登顶的关键。但极多的学生，放弃了学习基本的登山技巧，或者疏于准备学习工具，因为他们没有体会到强烈的需求。但当某天山峰横亘眼前，他们往往束手无策，难以登山，更别提攀爬了。

　　对许多学生来说，大山高耸，攀援无望。他们开始怀疑自己的才能、智力和学习力。

　　也有一些有潜力的登山者，能力天生自足不需要太多练习，有必备的工具和关键经验。他们有时能够成功，但当最需要整合资源时，他们也会束手无策。常常发生的情况是，学生们突然意识到他们正面临要同时掌握不熟悉的学习技巧和学习内容的双重困难，进退维谷；就像被放在峭壁之上，上下无路。

　　平常学习、练习好一些有用、好用的学习技巧，能帮助学生建立自信，当遇到困难时自然就能从容应付。所以在学习教学内容的同时，学会怎样学习是一项关键任务。学会学习也是我们能得到的最基础、最重要的终身技能。我们的学习征途关山重重，知道有哪些山峰要征服是不够的，我们必须知道怎样去攀登。

《学会学习》这本书的读者对象包括学生、老师、家长以及任何在应对"学会如何学习"这一挑战时，想要获取实践指导和想有所参考的人。这本书不是简单读读就好的那种书，而是供您使用的书，可以做批注、可以撕页。这是一本互动的书，包含很多实用的提示、方法、贴士、程序、资源和工具，这都将助力你在学习和生活中取得成功。本书在写作过程中，注意避免任何"教育术语"，内容尽量直接简明。

　　分步流程的格式都被设计为积木式，各个模块能在内容区域自主组织以方便使用。本书通篇贯穿的重点概念是积极的态度，一种成就感和价值感的培养，一种幽默的态度。好的创意容易发现、消化，马上就能使用。

　　从今天开始用那些精良的终身学习技巧武装你的"登山包"吧，自信地去攀登那些"学习之峰"。

本书关注的焦点

对教师、家长和学生来说，《学会学习》可谓适时而至的援手，写作这本书的根本目的在于教会学生获取并消化学习技巧，深化理解所学知识。

本书的关注焦点是：

- 批判性思维。
- 深化阅读。
- 力求准确。
- 内容分析。
- 自主学习。
- 有意义的阅读。
- 问题分解。
- 知识归纳整合。
- 激发学习兴趣。

- 有韧性地解决难题。
- 发现和理解辅助性细节。
- 依照探究步骤来解决问题。
- 文本和概念的归纳。
- 学习责任感。
- 原文与解决方案比较。
- 分析文本、立场、观点和问题。
- 深化理解。
- 发现处理和整合信息。

致谢

艾萨克森、佩吉《强力阅读系统》（第 148～151 页）

皮科洛、乔安娜《列举、序列、因果、比较、对比和描述图形知识结构图》（第 129～133 页），授权重印。

学习模式

聚焦学习模式

1. 了解你是怎样学习的。
2. 把怎样学、为什么学和学什么结合起来。
3. 了解在什么时间和环境下，你学得最好。
4. 采取各种学习活动来达到你的要求。
5. 充分调动你的悟性来学习。
6. 把你行之有效的学习方法应用于面对新挑战。
7. 灵活地思考和学习。
8. 聪明地选择适合自己的学习方法。
9. 针对老师的教学风格，采取恰当的学习策略。
10. 创造性地改编学习资料，使之更加适合自身的学习特长。

你和你的学习模式

　　你就是你，独一无二。在学习时，大家的头脑都是自然而然地运转。不过，各人的学习方法和习惯，却大异其趣。你的学习方法和习惯，就可以称为你的学习模式。

　　如果你事先已清楚自己是如何吸收和消化新知识的，再按照本书"学习如何学习"你就会事半功倍。所以本书以讨论学习模式开头。我们认为，了解自己的学习模式是充分激发脑力的第一步。如果你掌握了自己的学习能力优势，你就能在学习中不断科学调整自己的学习策略。如此，不论是应用于学习还是应用于工作，你都能发挥出最大的潜力！这也有助于你理解和适应老师的教学风格，通过调整自己的学习策略，你能跟着任何老师顺利学习。

　　虽然说健康的大脑都是整体性地进行思维运转，但大脑的两个不同半球分工不同。人的大脑分左右两部分，它们都能运行和反应、思考和处理，但解决问题的思路并不相同。通常认为，一个人的思维方式总是受某一脑半球的影响更显著。当然，最好的思维能力一定是左右半球均衡运作的整体结果。

　　人主要是通过三种基本渠道学习的，并经由这样的渠道完成信息实际获取、加工处理、记忆储存的整个学习过程。这三种渠道就是视觉、听觉和动觉（接触和行动）。正如人的思维或由左半球或由右半球主导，每个人的学习模式也由上述三者之一占据主导地位。

阅读下列陈述，在与你情况符合的陈述句前画圈。请快速选择，相信第一感觉。末尾的得分表能帮助你确定你的"主导形态"。你可能会发现你的左右脑运作非常平衡。

1．我能毫不困难地确定什么是应该做的、对的事情。

2．我观察问题或者图景总是大处着眼而不是拘泥于细节。

3．我按照书面指导做事很顺利而且很喜欢写出来、说出来。

4．我经常一次想到许多事情而不是一次想透一件事。

5．我总是能感知到时间。

6．当我被头一次介绍给陌生人时，我会特别关注他的面孔。过后，我可能会忘记他的名字，但不会忘记他的面孔。

7．在致力于解决问题时，我总是有分析、有逻辑地采取行动。

8．当比较事物时，我总是倾向找共同点，而不是不同点。

9．考试时，我喜欢回答对错题、多项选择题或者配对题，而不喜欢论述题。

10．我特别倾向于运用想象力或者用抽象的方式思考。

11．遇到问题时，我习惯于把它分解成一个个小的、易于处理的部分，各个击破，以便得出最终解决方案。

12．如果能看到示范或者读到指导书，我能学得更好。

13．通常我喜欢对局面有所控制，我不想冒太多风险。

14．我喜欢开放式、允许发挥的题目，而不是要求很多、限制很死的题目。

15．我通过看和听能学得很好。

16．我通过实地接触和动手操作能学得很好。

17. 我经常明确、有条理地思考，解决问题喜欢一步步来。

18. 如果想记住一件事，我经常在脑子里就此形成一个画面。

19. 虽然我有时心烦意乱，但我是一个理性思考的人。

20. 我不拒绝在某一天尝试任何事情，必要时，我甘愿承担风险。

21. 为了想清楚或者学会什么事，我有时候会和自己对话。

22. 我有时放任自己的感觉，我可能在别人眼里有点情绪化。

23. 我解决问题靠理智，不靠直觉。

24. 有人说我很有创造性。

25. 我喜欢计划，喜欢对将要发生的事情胸有成竹。

26. 我喜欢自发地行动。

27. 我宁愿一次只考虑一件事情。

28. 我能轻松地记住旋律和曲调。

29. 我经常能控制住自己的感情。

30. 我几何和地理学得不错。

31. 对我需要的信息我很快、很容易就能想起来。

32. 我喜欢写诗、读诗；这似乎很容易。

33. 只要我愿意，我就能马上集中起精力。

34. 在和团队共同行动时，我能体察到别人的情绪。

35. 我能理解数学概念。

36. 当解决问题或者考试时，我靠一个想法联想到其他，最后得出结论。

37. 我学习新词汇很容易。

38. 当筹划聚会时，我喜欢搞得轻松自在一些，不愿搞得太正式、严肃。

39. 我跟任何老师学习都学得很轻松。

40. 在课堂上，我通常都很了解别人是怎么做的。

41. 我能注意到也记得住细节。

42. 虽然仅有几块拼图块拼贴到位，我很容易就能想出整幅图案的样子。

43. 为了做好一件事，我愿意反复练习。

44. 我和人当面沟通比在电话中沟通效果好得多。

45. 我经常能记住笑话和妙语。

46. 有时候我觉得应该集中注意力，但实际不容易做到。

47. 我能清晰而有逻辑地写一份说明书。

48. 我有时候靠直觉来做决定。

49. 我的日常生活很有规律。

50. 我有时候能根据我以前在某页书的什么位置"看到"过，而回忆起某件事情。

得分栏
____画过圈的偶数题目个数=右脑能力
____画过圈的奇数题目个数=左脑能力

记住：你的学习模式到底是左脑支配型还是右脑支配型，这份测验结果只是一个非正式的提示。左右脑是协同工作的，并不能完全分开。

左/右脑主导型的不同特征

左脑主导型	右脑主导型

左脑主导型

- 按次序的。
- 善思考的。
- 结构化思考、计划性强。
- 感情内敛。
- 重分析。
- 重逻辑。
- 人名记得清。
- 理智的。
- 通过分解来解决难题。
- 时间导向。
- 听视学习者。
- 喜欢写作和讨论。
- 遵从口头指导。
- 在谈论中思考和学习。
- 喜欢判断、多选和搭配型考试题目。
- 很少冒险（多掌控）。
- 喜欢寻找差异。
- 控制右侧身体。
- 精确思维。
- 具体思维。
- 语言技能。
- 一次只想一件事情。

右脑主导型

- 整体性。
- 直觉性。
- 自发性。
- 思维发散。
- 创造性、响应性。
- 更抽象。
- 面孔记得清。
- 情绪化冲动。
- 从整体性出发来解决问题。
- 空间导向。
- 动觉（动手）学习者。
- 喜欢绘制和摆弄物体。
- 遵从书面的和演示的指导。
- 在"描述"中思考和学习。
- 喜欢论述题。
- 喜欢冒险（少掌控）。
- 喜欢寻找共性。
- 控制左侧身体。
- 音乐能力。
- 情绪化。
- 同时想多件事情。

对左/右脑学习者的行动建议

请左/右脑主导者采取以下行动来帮助自己取得成功。整合发挥左右脑的优势，能提高学习潜能，并使你的大脑得到更充分的利用。

左脑主导型	右脑主导型
• 把概念分解成较小的、连续的部分或者步骤 • 使用具体的例子来解释抽象概念使之容易理解 • 鼓励采取有逻辑的、步骤清晰的解决问题技巧 • 讨论有条理的思考在决策中的作用 • 学会分析具体问题的不同的技巧 • 用逻辑思考来识别、体会、理解问题解决的步骤 • 运用要求明确结果（不是开放性、多选择、多结果）的游戏、玩具。比如，按照精确的要求完成制作任务 • 把大概念分解成小概念，再把这些小概念进行分组 • 使用有助于整理组织的工具（活页夹、每日计划表、日程表） • 使用知识结构图来阐明理解整个概念所必需的部件和步骤 • 使用巧妙处理过的材料来展示说明过程 • 讨论或者口头重复正在写的东西 • 运用书面和口头的指导（教师）；并口头重复给老师（学生） • 环境允许时，边学习边大声讨论 • 讨论具体细节和事实 • 把头脑风暴的观点整理成结论性认识 • 玩降低风险的游戏 • 玩游戏或者运用问题解决技巧，帮助自己提高发现变化着的或者不同属性和特征的能力 • 鼓励参与各种数学的、科学的活动 • 鼓励讨论问题 • 运用和制造幽默气氛	• 学习之前首先讨论、画出或者写下主要概念 • 在创造性的写作、表演和讲故事的过程中展开想象 • 讨论在决策中感觉的作用 • 开展角色扮演活动 • 在创造性的项目中，使用有创意的工艺材料 • 用知识结构图来展示整个概念的图景 • 在展示空间关系时，使用巧妙处理过的材料来获得实际体验 • 多运用触觉和动感的活动 • 只要有可能就使用图解的办法，有疑点，就画出来 • 进行实验 • 进行头脑风暴 • 使用书面指导，让学生做自己的书面指导 • 演示怎样建立或制作某件东西 • 制作拼贴画 • 利用开放性讨论来解读问题和答案的各个方面 • 玩开放式游戏、猜字谜等 • 开展鼓励冒险的游戏 • 开展有助于发现共性特征的游戏和问题解决策略 • 鼓励多参加广泛的音乐活动 • 寻找合适的和可接受的情绪出口 • 运用激发思考的问题解决战略 • 在独立完成任务之前先观察任务完成过程 • 鼓励学生形成自己的解决问题的系统方法 • 使用抽象材料 • 鼓励个人发展而不是竞争 • 设计方法来帮助与组织技巧，如列表格、使用日历、使用任务清单 • 运用拼读帮助和形象化记忆法 • 使用和制造幽默氛围

学习模式

    学习模式是指人如何利用自己的感觉信息来学习。基本上，人脑通过三种学习模式对外界信息进行处理，并储存到自己的记忆中。

- 视觉——通过眼睛学习。
- 听觉——通过耳朵学习。
- 动觉——通过触觉、动作、运动来学习。

    前面说过，几乎每个人都有一种占主导地位的学习模式。不过，许多人的学习模式并不是单打一的，经常是两种甚至是三种学习模式的平衡结合。

    了解清楚自己的主要学习模式非常重要。唯有如此，你才能知道自己该怎样去学，知道采取什么方法对促进自己的学习帮助最大。

    首先来完成第 19～21 页的自测题，测试一下你最占优势的学习模式是哪一种。然后参考一下第 23 页的建议，看看哪些建议和提示能帮助你提高学习能力。

学习模式有效性的自测

阅读每一个问题或者陈述，在和你情况最符合的答案上画圈。有些回答起来会很困难，就按照你最经常的反应作答吧。

1. 通常我对课堂内容记忆记得最好的情况发生在：

    a. 不记笔记，专心听讲时。

    b. 坐前排，注视老师。

    c. 记笔记，不论以后是不是再翻看。

2. 我解决问题经常是通过：

    a. 与自己或者朋友交谈。

    b. 使用表格、计划等条理性、系统性的方法。

    c. 走路、踱步或者其他身体活动。

3. 在没有纸笔的情况下，我记电话号码是通过：

    a. 反复口述。

    b. 在脑子里把号码变成画面来形象化记忆。

    c. 用手指在桌上或者墙上"写"。

4. 我学新东西最容易的办法是：

    a. 听别人解释怎么做。

    b. 看指导、说明书。

    c. 靠自己摸索。

5. 看完电影，我记得最清楚的是：

    a. 剧中人物的台词、背景音乐和噪声。

    b. 道具、场景和演员服装。

    c. 观影过程中，我产生的感受。

6. 当走进小商店后，我：

    a. 安静地查看或者口头念叨商品目录。

    b. 在货架间溜达，寻找自己想买的商品。

    c. 虽然购物清单丢在家里，但还是能记住想买的东西。

7. 要是想记住什么事情我就：

    a．不管是别人说的还是背景噪音，都用心倾听。

    b．在心里模拟这件事情发生的场景。

    c．感悟这件事情是怎样影响我的情绪。

8. 我学外语最有效的方法是通过：

    a．听音频。

    b．在练习册上书写。

    c．上读写课。

9. 当对一个单词正确拼写感到含糊时，我选择：

    a．大声读，努力利用发音线索发现正确的拼写形式。

    b．努力在心里"看"到这个单词。

    c．把可能的正确拼写都写下来，选择看起来最像的。

10. 我最喜欢阅读，是当读到：

    a．人物对话时。

    b．让我眼前仿佛出现了对应的场景描写性片段。

    c．一开始就有很多情节密集出现的故事，因为我很难坐得住。

11. 我记住的那些曾经遇到过的人，是关于：

    a．他们的名字（我忘了他们的面孔）。

    b．他们的面孔（我忘了他们的名字）。

    c．他们的言谈举止。

12. 我最容易被____分心：

    a．噪音。

    b．周围的人。

    c．环境（温度、舒服的家居等）。

13. 我经常穿的衣服是：

    a. 相当不错（但是衣服对我来说不太重要）。

    b. 整洁（别有风格）。

    c. 舒服（活动方便）。

14. 当我空闲时，我更喜欢：

    a. 找朋友聊天。

    b. 看电视或者放眼窗外。

    c. 琢磨着干点什么，跳舞或者来回走。

得分栏
1. 统计每个字母的被选总次数，填在划线处。 a. ＿＿＿听觉（通过耳朵学习最有效）。 b. ＿＿＿视觉（通过眼睛学习最有效）。 c. ＿＿＿动觉（通过接触、动手、运动学习最有效）。 2. 看看有没有某种学习模式分值显著高或低，有没有两种模式分值接近（差距在两分之内）。 3. 这个结果和你的预期是否相符？你是不是认同这个结果？你看其他人的测试结果和他们的实际情况是否相符？

学习模式的特征

　　在人的五种感觉中，我们学习、储存、记忆和回忆信息主要依赖的是视觉、听觉和动觉。这三种感觉在我们与人进行沟通联系，探寻事实真相时，起着关键作用。有相似学习模式的人之间，学习和沟通起来会更加容易。所以了解视觉、听觉和动觉学习者的学习行为特征，在人群中找到"同党"，对我们的学习生活很有意义。

视觉	听觉	动觉
• 在言语类活动中经常走神	• 大声自言自语	• 喜欢实物奖励
• 愿意观察而不是讨论或者行动	• 喜欢讲话	• 超爱动
• 完成任务时有条理	• 容易走神	• 和人谈话时，喜欢肢体接触
• 喜欢阅读	• 理解书面指导有困难	• 学习时爱敲笔、抖腿
• 单词拼读准确	• 喜欢听别人读	• 喜欢做活动
• 擅长用图表和图画来记忆	• 喜欢按顺序线索记忆	• 不太喜欢阅读
• 精力集中不易为外界干扰	• 喜欢欣赏音乐	• 拼写差劲
• 对口头指导理解不好	• 阅读的时候爱自言自语	• 喜欢亲身参与解决问题
• 书法不错	• 记得住面孔	• 喜欢尝试新事物
• 记得住别人的面孔	• 容易被噪音影响	• 个性外露，喜欢用动作表达情感
• 很有计划性	• 喜欢哼歌和唱歌	• 交谈时喜欢带手势
• 喜欢涂鸦	• 天性外向	• 喜欢穿着舒适
• 天性喜静	• 喜欢听力活动	• 喜欢摆弄物件
• 外表整洁、一丝不苟		
• 关注细节		

　　均衡具备各种学习模式的人能够组合使用更多的学习技巧，因而比模式单一的人学习起来更加灵活。

对不同学习模式的建议

确定你的主要学习模式，并运用以下建议来强化自己在这方面的优势，同时补足自己在其他学习模式上的不足之处。努力在日常的学习生活中按照下列针对性建议采取行动，对自己的三种学习模式都进行改善。

视觉	听觉	动觉
• 使用有指导性的意象	• 使用录音带	• 学习时踱步
• 在脑海中形成画面	• 看电视	• 动手做
• 记笔记	• 听音乐	• 通过重复动作练习
• 看词语的组成部分	• 和讲话者进行交谈	• 慢呼吸
• 使用提示词	• 谱曲或者写诗	• 角色扮演
• 使用笔记本	• 大声朗读	• 操练
• 使用色彩编码	• 与自己交谈	• 跳舞
• 使用学习卡片	• 口头重复	• 书写
• 使用照片	• 使用有韵律的声音	• 利用墙面、桌面，用手指头写画
• 看视频	• 与人讨论	• 记笔记
• 看电影	• 仔细倾听	• 把感觉和概念、信息结合起来
• 使用图表	• 使用口头指导	• 反复抄写列表
• 使用地图	• 把词语念出来	• 在椅子上伸伸懒腰，动一动
• 使用演示	• 使用读者剧场	• 用镜子观察嘴唇的运动
• 使用绘画	• 按音节发音	• 使用记忆法（词语联想、押韵、诗歌、歌词等）参考本书有关记忆的章节
• 使用实物展示	• 使用记忆法（词语联想、押韵、诗歌、歌词等）参考本书有关记忆的章节	
• 在镜子前观察嘴唇运动		
• 使用记忆法（思维导图、视觉暂留、首字母缩略、藏头诗、钩沉索引）参考本书有关记忆的章节		

有效学习的要素

　　在用功学习时要明了学习的要素，清楚自己的学习模式及其特点，并据此营造有利的学习环境。要认真考虑以下重要方面，以提高注意力集中程度，有效地利用时间和自己的脑力。

检查自己的学习环境

- 树立正确的学习态度。
  - 激发学习动力。
  - 坚持努力达成短期和长期目标。
  - 树立必胜信念。
  - 对自己的学习负责。
  - 改变独自学习的习惯，和伙伴、辅导老师一起学习。
  - 在完成每项学习任务时，注重发挥自己的优势半脑，把视觉、听觉、动觉都调动起来。
  - 理解学习中结构化、条理化的重要性。
- 避免以下干扰。
  - 看或者听电视。
  - 听音乐。
  - 坐或者躺在床上。
  - 吃喝。
  - 在家里公用的、人来人往的位置学习（厨房、起居室、休息室）。
  - 煲电话粥。
  - 玩书桌上不必要的小物事。
  - 在镜子前面的书桌学习。
- 使用合适的学习环境资源。
  - 一个安静的学习环境。
  - 井井有条的书桌或者储备着合适学习用品的学习包厢（参阅第 39 页）。
  - 合适的照明和室内温度。
  - 一天中精力最饱满、干劲最高的时间段。
  - 养成习惯在每天的统一时间段、同一地点学习。
  - 每学习三十分钟，拿出十分钟休息一下。

关于学习模式的几点事实

- 了解自己的学习模式后，你更应该明白如何扬长避短。
- 个人学习模式能够准确预测。
- 和老师的学习模式吻合的学生，能学得更好些。能准确判断老师学习和授课风格的学生比其他学生学习成绩更好。
- 不论学习什么科目，学生的学习模式是一贯的。
- 在适合自己学习模式的环境下考试，学生发挥地更好，比如在明亮的灯光、安静的环境下考试，而不是相反。
- 有坚持精神、有责任感的学生，学习效果更好，成绩更好。
- 快速学习和记忆的关键是把学习内容转化成与自己的学习模式更适应的形式。
- 学习过程中听觉、视觉、动觉三种模式调动参与得越全面，知识就记忆得越牢固。
- 始终记住成为一个更积极的学习者必须：

       去听

         去看

           去说

             去写

               去做

时间管理和学习规划技巧

聚焦时间管理和学习规划

1. 愿意投入合理的时间来完成自己的学习目标。

2. 实实在在地拒绝借口，对自己的积极行为给予自我奖励。

3. 把长期的学习任务进行合理分解。

4. 为了节省时间，对任务设定优先级。

5. 对自己的时间资源、物质资源、脑力资源进行合理规划，保持有序利用。

6. 拼学习时间成效，不拼学习时间投入。

7. 制订合理可行的学习计划，并认真执行。

8. 抽出时间进行预习和复习。

9. 制订每日待办事项表。

10. 经常提醒自己，看自己是不是在最有效率地利用时间资源。

11. 别忘了你的学习模式测试结果，
选择合适的时间管理和规划工具来
发挥自己的优势，规避自己的劣势。

时间管理

对世间每一项成就的取得，时间投入都发挥着至关重要的作用。时间计划是每项工作的重要基础。

不像上了年纪的人，年轻人自然体会不到时光紧迫。童年时父母帮助孩子盯着时钟，安排时间。孩子体会到，虽然看不见摸不着，需要父母亲来帮助控制，但时间决定着自己能干成什么事情。当孩子长大并考虑寻求独立自主的生活时，往往觉得这新获得的自由就意味着不必再严格地按照时间规定生活。

其实，对孩子来说，要获得更多的生活自由度，最重要也是最简单的办法就是证明自己掌握了管理时间的技巧。当一个孩子能够成功地管理安排自己的时间，不需要父母的督促和提醒，那就说明他（她）正很好地走向自立。人们情愿相信这样的孩子。更重要的是，这样的孩子也因此学会相信自己。

制订和执行时间计划，需要决心和坚持。在安排每周、每天、每小时的活动和任务时，要面对无数陷阱。想要推掉一个任务，理由太好找了，所以在决定一段时间内究竟能干多少事情时，你可能会犯很多错误。

发现这些问题是走向成功的第一步，而不是失败的标志。第二步是修正你的计划来更好地适应当下的需要。修订后的计划要更现实可行，但是订的目标不妨比你认为能达到的目标更高一点。按照新计划再次上路，这次需要更多的耐心和坚持，但这一次整个过程会更让人满意。最终的结果是你养成了一个更成功、有效的习惯，将来这个好习惯将如愿为你省出许多宝贵的时间。

对时间管理我们有以下建议，当研习这些时间管理技巧时，请重点关注那些与你的学习模式（视觉/听觉/动觉）匹配的部分。这些建议是：

视　觉	听　觉	动　觉
• 使用图表来追踪任务和活动 • 在数字设备上设置书面提醒 • 制作时间计划的可视图	• 每日在数字设备上记录当日待办任务表的执行情况 • 口头回顾和复述学习任务 • 每天把自己的计划大声读一遍	• 在书桌或者电脑上管理学习计划和待办任务表 • 把空白计划表贴到墙上，用可移动的便利贴提示出任务完成细节 • 画出任务完成情况的可视图或时间线，对已经完成的任务涂色表示

你学得好吗？

　　现在你学得怎么样？你有没有认真想过你怎么学？何时学？到哪里学？为什么学？这些问题答案能帮助你养成重要的习惯，或者改善你业已形成的习惯。

　　如果你不知道这些问题的答案，或者不能确定你的时间运用是否有效，那么下面这些问题能帮助你思考需要采取什么行动来加以改善。

　　花点时间来完成下面的"学习习惯测评"（30～32 页），你会发现一些关于自己的新信息。

学习习惯测评

	很少	有时	总是
1. 你是不是经常被鼓励学习新东西或者在学校要好好表现？	___	___	___
2. 你知道自己怎样学习最有效吗（了解自己的学习模式）？	___	___	___
3. 你是不是使用学生记事牌、数字 APP 或者其他的计划工具来追踪学习计划？	___	___	___
4. 每天离校前，你会不会检查是否带好了课后要用的书本和其他学习资料？	___	___	___
5. 你有专门学习的地方吗？要求是舒服、照明充足、安静、不受打扰。	___	___	___
6. 你知道是什么干扰了自己的学习吗？	___	___	___
7. 当你坐下准备学习时，是不是学习需要的工具和材料都已经准备停当？	___	___	___
8. 你有没有想出一种能为自己完成作业和其他课后任务的切实可行的计划？	___	___	___
9. 你有没有为每次课后学习和作业设定的确切的目标？有没有给每项任务制订明确的时间要求？	___	___	___
10. 当你制订学习目标后，你能不能按时完成？	___	___	___
11. 你是不是每学习 40～60 分钟就休息一会？	___	___	___
12. 你是不是先对付困难的任务，然后再用轻松的任务"安慰"自己一下？	___	___	___

		很少	有时	总是
13.	你是不是把大项目分解成小任务来完成？	_____	_____	_____
14.	对时间跨度长的作业，是不是提前着手感觉比较好？	_____	_____	_____
15.	你是不是始终坚持不到最后一刻决不放弃作业？	_____	_____	_____
16.	你是不是阅读和复习老师提供的所有学习指导资料？	_____	_____	_____
17.	你是不是在考试前几天就开始为应考复习？	_____	_____	_____
18.	你有没有和同学一起复习听课笔记、交流学习内容或者互相提问？	_____	_____	_____
19.	如果课堂上有富余时间做作业时，你会不会很好地利用？	_____	_____	_____
20.	当你对课堂授课内容不理解时，有没有向老师请教？	_____	_____	_____
21.	每次下课时，你是不是都知道留了什么作业？	_____	_____	_____
22.	每次开始做作业前，你会不会读两遍题目指导语，以明确作业要求。	_____	_____	_____
23.	你在阅读作业正文内容之前，有没有先对这段材料概览一下，以便快速对这段材料的大致特点有所了解（比如文章标题、粗体字、总结结论、回顾的问题、插图标题等）？	_____	_____	_____

	很少	有时	总是
24. 你有没有认真阅读题目正文所配的图表（比如曲线图、示意图、地图、表格等）？	____	____	____
25. 你有没有在课堂上认真听讲并做好笔记？	____	____	____
26. 你在阅读时记笔记吗？	____	____	____
27. 你复习自己记的笔记吗？	____	____	____
28. 你有没有针对自己学过的东西整理出学习引导或者总结？	____	____	____
29. 你是不是能注意到文中出现的新词汇并搞懂意思？	____	____	____
30. 将要完成作业时，你是不是愿意花点时间把新学到的知识回顾一下？	____	____	____
31. 完成作业后，你会不会检查一下以保证作答完整、准确、高质量？	____	____	____
32. 你有没有把与老师定时沟通当成一件重要的事情？	____	____	____
33. 你的睡眠充足吗？	____	____	____
34. 你的体育锻炼充足吗？	____	____	____
35. 你能否记住按时交所有作业？			

　　把你的学习习惯自测结果回顾一下，把所有回答"很少"和"有时"的问题标出来。确定自己改善学习习惯的目标，争取这些回答为"很少"或者"有时"的问题，将来都可以用"总是"来回答！

打消借口

如果你发现自己爱说这样的话，那么你最好问一下自己下面的问题。

"我做到这一步了，这足够了。"

问自己："既然我没有付出最大努力，我还应该期待什么收获吗？"

"我只是没有时间。"

问自己："我真把学习当作优先要务了吗？即使现在，是不是我手头也还在做着许多没有必要的事情？"

"好吧，我明天开始用功。"

问自己："这话我已经说了多少次了？这是不是一个最方便的借口？到明天我还有什么理由？"

"我做不到。"

问自己："我已经尝试过多少不同的方法吗？我已经试过几次？我试过去求助吗？"

"我没必要学习。"

问自己："我为什么会这么想？我在班上处于什么水平？"

"我只是太累了。"

问自己："如果能选择去做别的事情，我还会这么累吗？昨晚我睡了几个小时？"

"学习这事太烦人了。"

问自己："我想通过学习得到什么？我有没有努力把所学知识和我的生活前途联系起来？我真的需要这些知识吗？"

"这对我来说太多了，我为什么要现在开始呢？"

问自己："我现在能不能实实在在地做成一些事情？为什么我这么混乱无头绪？我应该什么时间开始做功课？"

现在告诉你自己，"我要做，我一定能做好！"

规划你的学习资源！

　　记住 10 秒钟规则：如果不能在 10 秒钟之内找到你要的东西，那你就难以专注做事了。如果你想有效率地学习，那么下面这些地方你必须井井有条地整理好。

储物柜
- 使用隔板合理分割可用空间。
- 使用磁盒等分类存物，以便快速找到东西。
- 把用便利贴写的提示单随身携带。
- 用一块小的磁性白板记录下那些需要长期保留的笔记和想法。

书包
- 背包是携带学习资料的工具，而不是资料"仓库"。
- 用书包内部专门设计的各种内袋来分类存放各种资料。
- 书包要"减负"。
  - 每周安排 5 分钟时间清理、整理书包。
  - 仅携带够用笔记本、夹子、书本、备用纸张和其他学习用品。

活页夹（仅用于存放最新的学习资料）
- 选择三环扣活页夹的理由：
  - 方便活页插进和取出。
  - 方便对活页进行重新整理。
  - 能把活页安全稳妥地保存好。
  - 方便采用彩色分区页对不同主题内容进行区隔。
  - 能存放必备的学习用品（参阅第 38 页，手边学习用品清单）。
- 在永久位置写上你的姓名、街区、电话号码和电子邮箱。
- 在每个夹子里附一个内装常用学习用品的三孔小塑料袋或布袋。
  - 按照夹子对应的教学科目选择适用的文具。
- 使用作业单。
  - 在每天最先用到的活页夹的一个插袋中放好 5~10 页空白表单。
  - 每天都启用一张新的作业单。
  - 把所有的课程作业要求都整合在这一张单子上。
- 使用便携式的三眼打孔器来整理讲义。
  - 讲义、散页有需要就马上打孔，以方便插入夹子。
  - 把讲义插入夹子中的合适位置以免丢失。

- 使用彩色分区页。
  - 为不同的主题设置不同的颜色（参阅第 40 页，彩色编码的奇迹），例如：绿色是科学，蓝色是语言艺术等。
  - 在每张分区页后面都放上清晰的标签并注明：
    - ▲ 听课笔记。
    - ▲ 讲义。
    - ▲ 作业。
    - ▲ 有需要的话，就额外增加一些类别，例如：实验（科学）、写作项目（语言艺术）、地图（地理）等。
  - 为下列内容规划特别区域并附上标签：
    - ▲ 课堂要求、规则。
    - ▲ 月度行事历。
    - ▲ 同学名单以及他们的电话号码和电子邮箱。
    - ▲ 备用笔记纸。

案头

- 使用一台质量优良的台灯，位置要低于眼的位置，正对阅读区域。
- 电脑放在书桌一侧，留下足够的学习空间。
- 使用笔筒。
  - 例行检查笔筒，及时丢掉用完的笔，及时更换自动铅笔的铅笔芯和橡皮头。
- 使用四格纸盒，要能方便地拿到：
  - 笔记本纸。
  - 便签纸。
  - 无横格的纸。
  - 特种纸（坐标纸、彩色纸、彩色硬纸等）。
- 设一个参考书区域（在桌面用书档或者小书架来满足这一需要，坐在椅子上能方便地拿到）。
  - 字典（拇指页标格式）。
  - 同义词词典（拇指页标格式）。
  - 通用参考书。
    - ▲ 强烈推荐：霍顿·米夫林出版公司的《写作源泉》；写作者公司的《学生写作和学习手册》，这是 Sebranek、Kemper 和 Meyer 共同撰写的。
  - 专题参考书。
    - ▲ 地图集、年鉴。
    - ▲ 学术指导（经常是塑料覆膜的折叠式印刷品）。

书桌抽屉

- 尽可能使用抽屉分割收纳盘。
  - 存放适当的学习用品（参阅第 38 页，手边学习用品清单）。
- 建立一个家庭档案系统（文件抽屉或单另的盒子存放完整的各单元学习材料，用于期中和期末考试复习）。
  - 每门课程使用一个有编号的彩色夹子（参阅第 40 页，彩色编码的奇迹）。
    - ▲ 使用和你的笔记本分区页、学习卡片一致的颜色（参阅第 104 页，学习卡片的魔力），例如：绿色的是科学，蓝色的是语言艺术等。
  - 把所有的听课笔记、小测验、考试卷、讲义、作业等整理打包到一起。
    - ▲ 检查你所有的活页夹和书包，以免遗漏相关的内容。
  - 每个文件包都把特定的主题、与此相关的课文章节和单元名称、材料页数等标注出来。
  - 完成一个单元的学习后，马上把相关材料归入合适的文件夹。

为什么要使用家庭归档系统？

- 设置一个空间来归纳储存已经学习过的单元知识的相关资料。
- 按单元把学习资料整理好。
- 将来进行期中期末考试复习时，这些材料要能很容易地找到。
- 把所有作业保存起来。如果你的老师给你判错了成绩，或者在成绩单上漏记了你的作业记录时：
  - 把正确的作业完成情况提供给老师是你的责任。
  - 你能清楚指出哪项作业你没拿到学分。
  - 如果你能找到自己做过的作业，你就可以证明自己完成了作业，应该拿到学分。
- 一定要把所有的资料保存好，直到你见到了成绩报告单和永久成绩记录，证明你得到了正确的学分和等次评定。如果学分和等次评定有误，那么现在你手中握有证据。
- 提供一套单独的文件来记录你学习生涯中的重要工作：
  - 包括主要的报告、写作的论文等，如有必要，这些可以作为完成以后作业的基础（高中生参加高考）。这可比完全从头做起要好得多。
    - ▲ 这时，你要对这些旧作业成果进行重新改写以符合新作业题目的要求，你的写作技巧也要比原来有新的提高才行。

整理有方法

<u>怎样整理东西</u>

这个方法：

- 节约时间。

- 有助于快速决策。

- 收效迅速。

- 目标集中，心无旁骛。

- 广泛适用于壁橱、桌面、抽屉、橱柜、架子等。

第一步 ☞找三个容器贴上标签（每个容器的容量都应该和待清理的壁橱、桌面等相适应）：（1）"桌子"。（2）"垃圾"。（3）"其他"。

第二步 ☞把你清理出来的每件东西，都选择放进正确的容器里。

第三步 ☞把要整理的区域完全清理打扫干净后，把标为"桌子"（或者壁橱、抽屉等）的容器里的东西都重新放回。

第四步 ☞把标为"垃圾"的容器里的东西倒进垃圾箱。

第五步 ☞把标为"其他"的容器里的所有东西放回各自应该放置的地方（房间内的不同区域或者房子、车库周围等）。

记住：

放在哪里，哪里去找。

一次整理，始终保持。

- 每周选一天拿出几分钟的时间来收拾、重新整理和更新：

    - <u>桌面。</u>
    - <u>电脑上和其他电子设备上的文件。</u>
    - <u>书桌抽屉。</u>
        - ▲ 补充必备的学习用品。
    - <u>书包。</u>

    - <u>学习卡片。</u>
    - <u>家庭文件管理系统。</u>
        - ▲ 把现在用不着的资料都清理出去。
    - <u>房间里挂的大日历。</u>
    - <u>小橱柜。</u>

- 在标记笔记本分区页、家庭文件管理系统夹子、学习卡片标签等物品时，使用通用概括性标题以便节省时间。

手边学习用品清单

储物柜

____牢固的架子（2）。

____带磁性的盒子，用于收纳多余物品（钢笔、自动铅笔等）。

____磁性即时贴（也可以买普通的即时贴和另外的磁条以吸附在壁板上）。

____小的磁性写字白板（购买前别忘先量一下橱柜门的尺寸）。

____可擦白板笔。

____面巾纸。

____专门放 CD 和 DVD 的容器（如果有需要）。

书包

____结实的布料（检查书包底部和肩带是否结实牢靠）。

____有衬垫、能调节的肩带。

____耐用的拉链。

____书包内部按不同用途分割成小空间（不能只是个袋子）。

____不同的空间内有功能进一步细分的兜袋。

____书包内的不同空间和兜袋，都能方便自如地取放物品。

活页夹

____结实的 1～2 英寸大小的夹子。

____内部和背板上都有插袋

活页夹内件

____每个夹子内都有塑料或者织物插袋。

____尺寸足够大能完全满足学习需要。

____CD、DVD、钢笔、铅笔都有不同的插袋分开收纳。

____有带彩色标签的分区页。

____色彩要与你给每个科目指定的颜色一致（参阅第 40 页，彩色编码的奇迹）。

____带透明标签的分区页。

____每门课程至少准备三个夹子。

____塑料三眼打孔机用来给活页讲义打孔。

____放活页笔记纸和新作业纸的文件夹。

参考书区域内容

____字典。

____同义词和反义词词典。

____学生手册。

____参考书目快速指南（针对不同学习科目）。

____万年历。

____地图集。

案头应备内容

____台灯。

____笔筒。

____钢笔、自动铅笔、备用铅笔芯和橡皮擦。

____水溶性透明笔(用于在日历上标注)。

____彩色记号笔。

____彩色铅笔。

____分格纸筐。

____笔记本纸。

____打印纸(或者其他没横线的纸)。

____特殊用途纸(绘图纸、彩色手工纸、地图纸等)。

____放参考书的书立(如果需要)。

____抽匣式家庭文档管理柜所用的彩色文件夹。

____为新作业单、月度学习行事历、写作中的报告等学习文档提前预备的文件夹。

____抽屉里的分格管理器,用于存放小物件:

____橡皮筋。

____胶水。

____尺子。

____指南针。

____量角器。

____胶带。

____剪刀。

____放置家庭文档系统的箱子。

____定时器(主要用于 30 分钟学习时段提醒)。(参阅第 59 页,学习时间的规律:成功的基石)。

____订书机。

____订书钉。

____订书钉起子。

____夹子。

____装订夹(用于夹住大叠的纸张)。

____图画钉(用于布告栏)。

____计算器和备用电池(如果需要)。

____模板(如果需要的话)(参阅第 111 页,创建知识结构图)。

____彩色 3 英寸×5 英寸索引卡片。

____闭口环(用于串联起学习卡片,类似于钥匙环,参阅第 104 页,学习卡片的魔力)。

____存放 3 英寸×5 英寸卡片的存储盒。

____用于标注 3 英寸×5 英寸卡片分区页的彩色标签(参阅第 104 页,学习卡片的魔力)。

____即时贴。

其他

____计算机。

____面巾纸。

____告示板。

____大月历,可以准备两个(参阅第 50 页,使用学习月历)。

____平板电脑、媒体播放器(用于练习讲演、外语和词汇复习)。

彩色编码的妙用

在学习过程中，彩色标示是最重要、最容易辨识、记忆最深刻的路标，为什么不适时使用这一利器呢？好好琢磨一下在完成学习任务的每个环节用好彩色标示吧！

- 当你整理标示以下处所的学习资料、信息和学习用品时：橱柜、书包、桌面、夹子、墙上挂的大月历、活页夹内的月历。
- 当你在阅读过程中，整理归纳学习材料的主题信息时，如：大标题、次级标题、细节、笔记中的示例、学习表和知识结构图。
- 当使用彩色标签、收纳器和挂钩来清理、规整壁橱和其他收纳区域时。
- 当整理通讯录时，用彩色记号笔来区别显示不同分组的人员（如校内朋友、亲戚、工作联系人、业务联系人等）。

对学习内容进行彩色编码

第一步 👉 把所有需要布置家庭作业的科目列在一张纸上。

第二步 👉 给不同的学习科目规定一种颜色，使用红、蓝、绿、黄、橙、紫几种颜色。

- 例子：科学——绿色，语文——黄色。

第三步 👉 夹子。

- 在彩色标签上用通用性的上级标题来标注，这样以后的学年可以继续使用。
  - 如，用"数学"而不用"代数"来标记。
- 在每个彩色通用学科标签后面设置三个透明的标签页：
  - 听课笔记。
  - 讲义。
  - 课后作业。

第四步 👉 家庭文档管理系统。

- 每门课程准备一个相应颜色标签的文件夹。
- 使用通用性的上级标题。
- 保存于文件抽匣、盒子或者橱柜中。

第五步 👉 课本。

- 课本都要包书皮。
- 用彩笔在每本课本的书脊和前面都用相应的颜色涂个圆点。这能帮助你在柜子里和桌面上摆起来的书堆中快速找到你想找的书。
- 坚决不要拿错书！

第六步 👉 提醒自己注意。

- 在一天中，记得用不同颜色的便利贴给自己提醒、备忘。
- 例子：黄色——学校，粉色——家庭，绿色——活动。

使用每日作业提示表

记住，每个老师安排作业的方式不尽相同。不要依靠老师来督促自己写作业，作业是你自己的责任。

一份每日作业提示表能够……

- 固定一个写作业的主要地点，以便井井有条地完成作业。
- 结束到处"流浪"找地方写作业，甚至因此掉纸缺页的苦恼。
- 使自己每天的学习生活走上正轨，忙而不乱。
- 不用再为担心忘事而紧张。
- 保证作业或任务的顺利完成。
- 在课后做作业时能得到清楚、精确的书面信息（上了一天课又布置了很多作业，回家自修时，你可能会犯迷糊）。
- 在家里的大开本月历上记录日程安排信息时，能有一个条理清晰的参考信息源。
- 能让你及时记下考试和作业信息，以免你忘了提前准备。

一听二看牢记老师布置的作业

- 当老师布置作业时要仔细听。
- 不要非等老师特别强调，"你们明天的课程安排是……"。
- 注意老师在课堂上安排作业的特定时段；明白每堂课一般按什么流程进行。
- 记得查看白板、黑板、告示栏、班级日历或者其他任何老师可能用来布置作业的地方。
- 离开课堂前，记得检查两遍你记下的作业，以保证准确。
- 脑子里形成条件反射，当每堂课结束时，先记好作业再合上夹子。

所有作业"一网打尽"

- 每天用一份新的每日作业提示表或者类似的电子文件。
- 只在纸张的一面记录，以免记在背面的内容被遗漏。
- 老师一开始布置作业，就赶快拿出自己的计划表，在相应的栏目内记录好。
- 利用好这些栏目，它们能提醒你必要的信息。

作业栏

在这里记录作业题。

示例：数学，第 155 页所有奇数题目；科学，阅读第 132～139 页并做笔记；历史，第 147 页问题 1～7。

时限要求栏

在这里记录交作业的时间要求。

示例：11/6。

预期需要时间栏

在这里记录你完成作业预计需要的时间（这对你高效利用时间很有好处）。

示例：30 分钟。

当开始在课堂上或者家里做作业时，采取这些步骤你就能学会正确估计自己做作业所需的时间。

第一步 ☞ 测一下自己完成一个题目、读完一页课文或者回答完一个问题所用的时间。

第二步 ☞ 把自己完成一个题目、读完一页课文或者回答完一个问题所用的时间，乘以需要完成的题目、需要阅读的课文或者需要回答的问题的数量。

第三步 ☞ 上述结果再加 5 分钟（只为保险起见）。

第四步 ☞ 现在你对完成作业所需的时间就能有一个比较准确的估计了。

如果老师给出了完成这些作业需要的时间，那你也记下来并且在数字上画圈和你自己预期的时间区别开。这样等完成作业后，你就会对两个时间的准确性有个对比，你也轻易不不会忘掉。

所需材料栏

把完成作业所需的学习用品记在这里，这样就能提醒自己记得把它们带回家，以防出错。

- 使用这个栏目能帮助你放学后在家顺利开始写作业，既节省时间，也避免紧张。
- 填写这个栏目时，可以采取以下缩写来节省时间：
  - T（课）——textbook（课本）。
  - H（讲）——handout（讲义）。
  - P（包）——packet（包装盒）。
  - L（实）——lab sheet（实验室表）。

检查栏

当作业顺利做完并且存放到夹子里合适的位置后（参阅第 34 页，规划你的学习资源），在这一栏标注完成，这时你将体验到大功告成的惬意！

本周、一周后、考试部分

本周：在这部分记下各门功课需要明天完成的作业。

本周后：在这部分记载需要在明天以后完成的作业。

示例：从两天到一个月。

考试：记下所有即将到来的考试，明天或者更远的。要记住，即使老师没确定考试的具体日期，只是说"下周将安排一次考试"也一样要记录下来。这样，你今天就可以为此预先计划，预先学习了。

提示：

- 在你的每个活页夹中都放几张空白的每日作业提示表，每天都启用一张新的表格。
- 把一些空白的每日作业提示表放在桌上标记清楚的文件夹里，需要时就补充进活页夹（要一周检查一次）。
- 开始进行家庭学习时（参阅第 59 页，学习时间规律：成功的基石），先把提示单上后续考试安排栏目记录的所有作业和考试信息都标注在家里的大月历上，并把所有记录内容标注在月度作业安排行事历上（参阅第 54 页）。
- 如果学校要求或者你喜欢也可以用日内分时段计划表，这样就要考虑在提示表上增加栏目或者空间。

老是记不住要把作业记下来可怎么办？试试这些办法：

- 把一个特制的钥匙链或者小标签系在书包里放课本和课堂活页夹那一格的拉链上。每当快下课时看到它，你就能意识到要记课后作业了。
- 在一张颜色鲜艳的贴纸上写上"作业？"，然后把贴纸贴在课堂用活页夹的封面上，每当你合上夹子准备放进书包时，你就会看到它。
- 你书柜里的白板上写上每日提醒，这样你每次打开柜子时就能看到它。

完成作业

☑ 浏览所有要做的题目。
"对马上需要完成的这些作业，我是不是有总体的把握？"

☑ 联想以前的知识。
"对这些题目我已经了解了多少？"

☑ 读两遍解题指导。
"我是不是搞懂了题目并且知道了自己需要做什么？"

☑ 确定题目的考查目的。
"我需要做什么？"
"为什么这是有用信息？有多大价值？"

☑ 确定题目的要求结果。
"最终结果应该是什么？格式是什么样的？"

☑ 要完成好今天的作业，需要调动哪种学习模式，如何调整？
"在听觉、视觉和动觉中，哪种学习模式最适应当下需要？"
"这是左脑活动还是右脑活动？"
"为做好今天的作业，我需要怎样调整我的主导学习策略？"

☑ 选择助忆法。
"要记住今天的知识点，需要采取什么样的助忆法？"

☑ 准备必需的学习资料。
"要完成今天的作业，我需要哪些学习资料？"

☑ 安排做题顺序。
"先从哪道题目开始？按怎样的次序最合适？"

☑ 完成作业。
"我是不是想掌握这些信息？"

☑ 检查。
"我能把这些题目讲解给其他同学吗？"

作业提示表

第　周				
	作业题	完成时间	自估时间	所需资料	完成确认
本周					
本周以后					

	考查对象	考试日期	考试类型	特别提示
考试				

漏交作业怎么办？

开始
你是否在意此事？

如果不在乎，那么对考试得零分的后果你可得保持平常心。

如果在乎，那么可以采取下列步骤之一。

如果作业做完了……
- 找到作业交上去，别管晚不晚。
- 认真总结教训，做好规划，以后准时交作业。

如果作业是今天或者明天要求完成上交……
- 从下列渠道拿到作业题：自己的作业提示表、课程指导书、课程教学大纲或者可靠的同学、老师。
- 尽力准时完成。即使这不能反映出你最高的努力程度和应该达到的水平。

如果……过了要求日期……
- 查阅一下你的课程指导书，看看对不完成作业的情况是怎样规定的。
- 尽快从可靠的渠道拿到作业题。
- 让老师知道你很想完成作业。
- 不管是只能拿到较少的学分，还是完全拿不到学分，都把作业完成。
- 看看能不能采取一些方法能弥补丢掉的学分。

找出自己耽误作业的根源，并且……
- 为更好地管理你的作业和时间，做一个改善计划。
- 估计以后完成作业要花多长时间。
- 以后要早点开始做作业。
- 不要把作业拖到最后一刻才做。

努力的目标：
坚决不再漏交作业！

强化自我约束：使用待办清单

　　想在时间管理上多些自由度？想要更多的可支配时间？那就使用这套非常成功的系统吧！每多花 5 分钟"计划时间"，你就能在一天的某个时刻避免 20 分钟的"挫败时间"！一份待办表就是每天对你需要完成的任务和活动按照优先级进行计划安排而形成的书面表格，它能有效地帮助你安排好每一天。

为什么要制订待办清单？

- 你内心总是期望日有所成，并谋划着去实现。
- 当你把自己的计划写在纸面上，心就能安定下来，不再惴惴不安。
- 预先计划能让一天的大事小情尽在掌握之中。
- 你能做出更多更好的选择。
- 你能有更充裕的时间来主动处理（而不是被动应付）一天中发生的各种事情。
- 你能建立自己的关注焦点，并对不同目标按轻重缓急恰当安排。
- 为此花费的三五分钟时间，对规划好一整天的事情意义非凡。
- 一旦把事情写下来，你记住它的可能性会提高十多倍。
- 每做一件不得不做的事情，就用一件自己喜欢做的事情来犒赏自己。当你完成一项工作，把它从表上划去那一刻，一种成就感涌入心间。

按这些步骤走向成功

　　第一步 ☞每天晚上刷牙的时候，想想明天有哪三件事情必须做，哪三件事情很想做。

　　第二步 ☞刷完牙。马上用一张 3 英寸×5 英寸的卡片，根据第 49 页提供的格式，简要记下这些事情。

- 每一事项，只用一两个单词来记录就好。
- 这些都是实实在在的要事（不含上学、回家、吃饭等日常琐事）。
- 正确示例：还图书馆的书、学习，把病假时耽误的工作补上，洗碗，倒垃圾等。

第三步☞在每一行任务描述前，分别注上"上午"、"下午"、"晚间"，把各项事务在一天范围内进行科学合理的安排。

- 标注"上午"来指出需要上午完成的活动（起床后到午餐前）。
- 标注"下午"来指示需要下午完成的活动（午餐和晚餐之间）。
- 标注"晚上"来指示需要夜间完成的活动（晚餐到上床之前）。

第四步☞把两栏内的事项信息整合成一个统一的表，列于卡片下方：

- 把"必做事项"栏内标注"上午"的事项列为第一项。
- 把"想做事项"栏内标注"上午"的事项列为第二项。
- 对标注"下午"、"晚上"的事项也按照上述次序全部列入表内。
- 记住，你每一天的日程不可能千篇一律：
  - 你可能某天上午不需要安排事情；如果真没有，那就从标注"下午"的事项开始。
  - "必做事项"栏内的内容和"想做事项"栏内的内容，可能在数量上不均衡，那你就要记住，首先必须安排"必做事项"栏内的事情，如有可能的话，再用"想做事项"栏内的事情来犒赏自己。
  - 在两个栏目中可能会有多个"上午"、"下午"或者"晚上"事项，那你就要对这些需要在各自时段内完成的事项排出优先次序（在下午这段时间内，哪件需要首先做，哪件需要随后做，哪件需要最后做）。
  - 当创建表格时，你需要运用自己的常识。

第五步☞对整个表格再检查一遍，看这样的安排是否现实可行。

第六步☞如当天出现突发的事情需要及时处理，就按照这些事情各自轻重缓急程度，与表格中的已有事项统筹安排。

第七步☞如果表中的某项任务没有完成，次日接着做又比较合适，那么就把这件事情，继续安排在次日的表格中。

第八步 ☞如果一件事情连续三天都在你的表中，那么你要考虑：

- 认识到它的重要程度，把它安排为明天需要完成的首要任务。
- 把它另写到一张 3 英寸×5 英寸的卡片上，并夹在专门存放待以后处理事项的夹子中。
- 干脆放弃。

考虑要点

- 把这张表格存放在你的夹子、书包、作业本里随身携带或者使用免费的 APP。
- 要务实一点，毕竟一天只有 24 小时。
- 一件事做完后马上从表中划掉（这能让你马上体会到欣慰，这能衡量和展现你这天的工作进展）。
- 当确定各事项的优先顺序时，问自己"明天的当务之急是什么？"和"在这个时点，我怎样运用我的时间才最经济？"这两个问题。
- 使用索引卡、小笔记本或者一个合适的免费 APP。
- 估计完成每项任务所需的时间。
- 如果一天的任务全部顺利完成，记得表扬自己。

示例："待办"清单

必 　 做	想 　 做
下午 还书	晚上 读书
上午 拿到科学作业	下午 投篮
晚上 学习时间	下午 玩电子游戏
1. 拿到科学作业	
2. 还书	
3. 投篮	
4. 玩电子游戏	
5. 读书	

使用学习月历

有了学习月历的帮助，你就能够对学习功课进行预先计划。它能帮助你通盘把握今后数周内的学习任务，而且能按时序直观地显示出要准时完成一个学习项目或任务的必经步骤。

制作一个通用的大幅面月历

- 准备一块大型的海报板。
  - 用一支粗头记号笔和尺子划分出大方框，每个方格都要大到足以填写几项活动和任务。
  - 要把一周七天，总共五周都画上去。在每一栏的开头，标明是周几，留下空余的空间写清楚月份。
  - 给整个月历板覆上不发滑的透明覆膜纸，或者直接从文具店购买大型单月（十二张）或双月（六张）的压膜月历。
  - 使用黑色透明笔，把正确的日期、月份填到空格内
  - 使用彩色透明笔，把本月所有的学习任务事项填到相应日期的空格内。色彩和学习科目的对应关系，要和笔记本使用的一致（参阅第 40 页，彩色编码的妙用）。
- 当某项作业任务跨越数周甚至数月时，要使用两个甚至三个月历。
- 把你的学习月历挂在你家中的墙上或者布告栏上等显眼又方便查看的地方。
- 一个月过去后，用湿纸巾把内容擦掉以备以后使用。

对长期任务要进行分解

在把长期任务分解成小的任务单元的过程中，需要调动你的左右脑互相协作，来形成特定的步骤。在写下和复习这些必须步骤时，如能大声讨论对听觉、视觉和动觉学习者都大有裨益。努力参照以下步骤，来降低精神紧张，提高成功水平（参阅第 52 页，学习月历示例）。

1. 在整个学习过程中，每个科目使用规定颜色的笔。
2. 把每项作业的布置时间都记下来。

示例：5 月 1 日，布置了科学报告。

3．在作业实际完成时间标记"报告实际到期"。在完成前一天，标记"报告到期"，这实际上是最终草案：第二版。

始终记住给自己留出一天时间来更正答案中可能存在的错误。更妙的是，你这样就会有一天时间放松身心，而不是惴惴不安。

示例：5 月 30 日，科学报告完成上交（实际上老师要求的日期是 5 月 31 日）。

4．算算留作业与交作业之间有多少时日，把这段时间分割成 1/4、1/2、3/4 几个时点，并在相应的日期上标记。

5．接下来，把分解后在各个时间节点需要完成的作业进展标记下来，例如：

■ 5 月 7 日：1/4 科学报告，主题提炼，参考资料核对，仔细研究题目。

■ 5 月 15 日：1/2 科学报告，研究完成，笔记卡片整理，开始写草稿。

■ 5 月 22 日：3/4 科学报告，初稿完成，编辑最终概要，开始编写"文献引用"。

■ 检查初步计划的节点时间是否准确，日程有没有相互冲突，和作业要求是否匹配。按要求进行调整。（例如，如果你的在 5 月 15 日要忙于准备其他考试，那就把这个节点提前到 14 日或者延后到 16 日）。

6．从"报告到期"日（5 月 30 日）倒推 24 小时，安排为"发呆"时间（对本项作业而言），参阅下面的"书面作业提示"。

安排形成"最终草案：第一版"和"最终草案：第二版"。

7．复制一张学习月历，放在每天都能看见的地方作为自我提醒。

8．坚持执行自己的计划！

书面作业提示

在交作业之前——完成最终草稿和最后通读之间——留下 24 小时。这会让你的脑子暂时聚焦于别的的事情，来缓解注意力疲劳。当休息后再次把注意力转向作业稿，你就容易把在前面的审定过程中因为不明显而被忽略的错误找出来。参阅第 52 页，学习月历示例。

阅读作业提示

通过设定每天的阅读页数来分解阅读任务（例如，周一，1~15 页；周二，16~30 页，等等）。记得给写读书报告留下足够时间。参阅第 52 页，学习月历示例。

学习月历示例

五 月						
日	一	二	三	四	五	六
	1 安排下的科学报告 页数：1～15	2 页数：16～30	3 页数：31～45	4 页数：46～60	5	6
7 主题提炼 参考资料核对 再次检查题目要求	8	9	10	11	12	13
14	15 研究完成 笔记整理 开始写草稿	16	17	18	19	20
21	22 初稿完成 编辑最终概要 开始编写"引用文献"	23	24	25	26	27 完成科学报告最终草稿第一次定稿
28 24 小时休息 "发呆"	29 科学报告最终草稿第二次改定稿	30 科学报告到期日	31 科学报告实际到期日			

在活页夹中使用学习月历

为什么要在活页夹中放上学习月历？

- 帮助你及时跟踪每个学习科目。
- 你看一次纵览一月内的学习计划安排。
- 可以起提醒作用，甚至当布置题目的老师都忘记时。
- 带着活页夹，以便在课堂上随时添加信息。
- 方便将作业随时记入家里的学习月历中。

在作业本中保留复制件

- 复制几份第 54 页的表格，在这些复印件上用三眼打孔器打孔。
- 在活页夹里代表每门功课的彩色标签后面都插入 2～3 张学习月历。
- 使用它来连续记录长期作业的完成进度（包括从现在算起，任何一项需要在 24 小时后完成的学习任务）。
- 每天晚上坚持对夹子中的学习月历进行简要检查，以便把新信息及时转抄到家里的大幅学习月历上。

提示：

始终在下列位置存放一份学习月历：

- 活页夹中。
- 书桌柜中。
- 书包中。
- 家里墙上或者布告栏上。

分科月度作业记录表

课程 月份

日	一	二	三	四	五	六

学习时间

这是你学业有成的保障！

什么是学习时间？

这是一段要求每日坚持，专门用于完成作业和复习知识的时间。通过每日恒定的时间投入，学生把运用有效的学习技巧当成日常习惯。很重要的一点是不能简单把这段时间看成是写作业时间。即使没有需要完成的作业，你仍然需要每天安排一段"学习时间"。

为什么要安排学习时间？

- 安排特定的学习时间，有助于形成好的学习习惯。
- 如果养成了学习习惯，你对学习会更加投入。
- 仅此"习惯"就能帮助你成功地应对大学学习生活中各种水平的等级测试的挑战。
- 这一习惯提供的结构化的学习时间安排可用于：
  - 完成作业。
  - 通过复习，使自己对每门课程保持"与时俱进"。
  - 制作词汇表、概念学习卡片、思维导图等。
- 如果能自觉地按学习习惯行事，你就能免受父母的不断催促提醒之烦，从而对自己的作业和学习负起责任。
- 如果能聪明地运用学习时间，你会为其他自己想干的事情腾出时间。

设置你的学习时间，并且不用父母提醒，自己能够身体力行地坚持，这能展现出你有效的时间管理能力。这可不仅是一个做作业的好习惯而已。做作业不用父母"在身后督战"，拥有自主确定选择学习时间的自由，这份大礼包就看你要不要了。

下面列出的内容，是"学习时间"这一节将教会你的：

- 安排自己的学习时间。
- 遵守学习时间的规定。
- 学会在学习时间做恰当的事。

安排你的学习时间

使用第 58 页的"示例：日计划"确定自己的最佳学习时间。

第一步 ☞ 计算你每天需要投入学习活动的总时间。

- 按照每一年级 10 分钟的标准，设定自己每天的学习时间，一周按五天安排。示例：8 年级（日学习时间）=每天 80 分钟。
- 把总的学习时间划分成若干单元，以充分利用自己的精力集中时段。听从以下指导意见，并交替学习和休息。
  - 小学低年级：每学习单元为 10～15 分钟。
  - 小学高年级：每学习单元为 20 分钟。
  - 初中：每学习单元为 20～35 分钟。
- 按下列指导意见，安排休息时间"清醒头脑"。
  - 小学低年级：学习 15 分钟/休息 10 分钟/学习 15 分钟（以 3 年级为例）。
  - 小学高年级：学习 20 分钟/休息 10 分钟/学习 20 分钟/休息 10 分钟/学习 10 分钟（以 5 年级为例）。
  - 初中：学习 30 分钟/休息 10 分钟/学习 30 分钟/休息 10 分钟/学习 30 分钟（以 9 年级为例）。

第二步 ☞ 用某种颜色的笔在相应的方格中填写活动事项，用横线或者竖线来表示需要占据多个方框的重复性活动。用一种颜色把下列活动时间标注出来：

- 起床。
- 上学（包括上下学的交通或者步行时间）。
- 吃饭。
- 上床。

第三步 ☞用第二种颜色来标注所有每周都有规律从事的活动：

示例：音乐课、宗教活动、体育锻炼、俱乐部聚会、家庭成员/朋友活动。

第四步 ☞用第三种颜色把学习时间标注出来：

- 选择在一天注意力最集中的时候，专注地学习。
- 在安排适当的学习时间之外，也要安排合理的休息时间。
- 学习时间要安排在 5 个边或角相接的空格内（意味着每天的学习时间安排差异不大，有规律），以免一周内每天的学习间太过散漫无序。
- 即使你是夜猫子，也不要把学习时间安排在晚上 9 点以后。

提示：考虑以下这些行之有效的建议。

- 你的学习日程至少要坚持一周，如果有必要的话，再进行调整。
- 为了学习更富有成效，不要害怕改变。
- 灵活一点，如果理由充分就适时改变。
- 每天留点自由时间。
- 为意料之外的事情留点时间。
- 熟悉你的时间安排，并形成习惯。
- 把你的日程表贴出来并随身携带，以便能随时参照。

示例：日计划

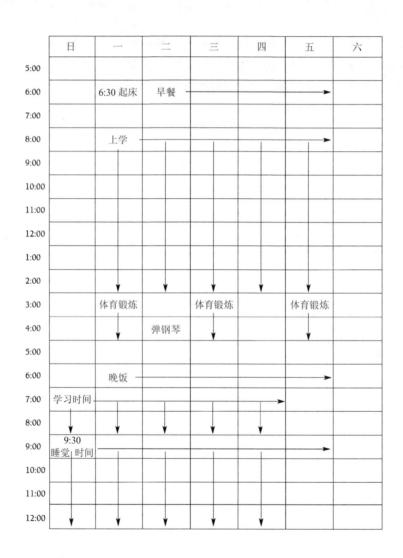

	日	一	二	三	四	五	六
5:00							
6:00		6:30 起床	早餐 →————————————→				
7:00							
8:00		上学 →————————————→					
9:00							
10:00							
11:00							
12:00							
1:00							
2:00							
3:00		体育锻炼		体育锻炼		体育锻炼	
4:00			弹钢琴				
5:00							
6:00		晚饭 →————————————→					
7:00	学习时间 →————————————→						
8:00							
9:00	9:30 睡觉 时间 →————————————→						
10:00							
11:00							
12:00							

学习时间的规律：成功的基石

1. 在自己房间的书桌前学习，杜绝干扰。
- 每次都在同一个地方学习。
- 确定一个目的。按心理学的观点，只有通过适当的活动，你的心绪才能和当下的环境关联起来。
- 把学习资料预先归置在课桌附近以便使用。
- 把当用的学习用品放在手旁。每次当你满屋子找学习资料时，你的注意力就涣散了。
2. 创造一个舒适的环境（参阅第 24 页，有效学习的要素）。
- 通风良好。
- 照明良好。
- 安静（你自己的房间；不是厨房就餐空间，不是家庭娱乐空间，不是狭小的房间、不是别人的办公室）。
- 远离让人分心的事物。
- 学习参考资料和学习用品配备齐全。
3. 学习时间避免打扰（参阅第 24 页，有效学习的要素）。
- 电视。
- 音乐。
- 食物。
- 书桌前的窗户。
- 被其他家庭成员、朋友、电话打扰。
- 短信、电子邮件、社交网络或者聊天。
- 桌上的玩具。
4. 在规定好的时间内学习（参阅第 56 页，安排你的学习时间）。
5. 注意按照规定好的时间学习（参阅第 56 页，安排你的学习时间）。

6．在连续的学习单元之间，注意按照规定的时段休息（参阅第 56 页，安排你的学习时间）。

■ 离开房间，换个环境，让大脑休息片刻。

■ 做一点体力活动（吃东西、散步、投篮、逗逗宠物等）。

7．对每个"学习单元"：

■ 开始先按照第 64 页的建议进行"学前热身"。

■ 把这一学习单元的短期目标列出来。

■ 根据你的时间预测（参阅第 41 页，使用每日作业提示表），估计 30 分钟内能完成多少工作量。

示例：完成所有数学作业，或者阅读科学教材 47～52 页并做笔记。

■ 用定时器定好时间，然后把定时器放在视野之外。

■ 时不时地问问自己，"我想从这些学习资料中获得什么？"和"当这一学习单元结束，我能学到什么？"

■ 找时间大声简述三个概念、事实等。

■ 问问自己"我今天学的和昨天学到的知识有什么联系？"

8．让别人知道你的学习时间安排，以免无意打扰到你。

■ 当别人在你的学习期间来电时，提醒他们给你留言，以便你在休息时回电。

■ 让父母照料好其他兄弟姊妹，以免他（她）们打扰到你。

■ 在你的房门外挂个标志：学习中，请勿打扰。

9．在学习时间里，每一个科目学习 10 分钟。

■ 有助于你得到新信息。

■ 使学习更易持久。

■ 这能给你时间理清思路，让新的信息有一个"沉淀"时间。

■ 如果你某门功课留了作业，这 10 分钟含在你的作业时间中（多学 10 分钟没有必要）。

■ 如果某门功课没有明天要交的作业，那就按照第 62 页学习时间内的当做之事中列出的内容来选择性地学习。

10．学习时间不要做白日梦，要追求学习质量不要只顾拼时间。

■ 找张便签纸，走神时，就在纸上打个勾（纸就放在手下，手动眼不看）。

■ 努力让下一学习单元划下的勾少一点。

11．学习时要读出声，以增强理解和记忆。

■ 大声朗读课文材料。

■ 当你读完一段课文记笔记时，大声读出笔记内容。

■ 做所有作业时，都要大声自说自话，包括数学问题、课文朗诵作业等（故事或小说的阅读速度练习等形式除外）。

■ 当制作学习卡片、学习表格和知识结构图时，也要大声读出所思所想。

12．在不同功课之间分配好时间。

■ 趁刚开始头脑清醒时，先学习最难的内容。

■ 把日常性的和难度不大的内容放在最后学习。

示例：重抄考卷，整理报告和文档，为报告内容列表等。

■ 允许有些任务分成几天完成。

　　▲ 连续五天每天完成某项作业时留出一点"思考时间"。

　　▲ 在没有压力的情况下复习某些学习材料时，更容易"下意识地吸收领会"。

　　▲ 这对文章校对尤其有利。你甚至在第二次、第三次校对时仍然能发现此前忽略掉的小错误。

13．在开始做作业之前，确认你对每道题目都理解正确。

14．对你的学习时间负责。

■ 定好闹钟，提醒自己按时学习。

■ 休息 10 分钟，不多也不少。

■ 绝对不靠任何人提醒！

学习时间内的当做之事

1. 先完成明天就要交的作业，时间允许的话，再做后面需要完成的作业。

■ 作业做完后，马上放到夹子里的适当位置（参阅第 34 页，规划你的学习资源）。

■ 列表写明明天上课所需、下次作业所需及即将到来的学习项目所需要的学习用品，以便早作准备。

■ 对时间跨度长的学习项目、论文、报告等进行提前规划。

■ 仔细核查学习月历中可能存在的日程冲突、作业要求上交时间等信息。

2. 每天晚上拿出 10 分钟，对各门功课按下列方式温习一遍。

■ 复习主要概念（参阅第 68 页，周复习全课程）。

■ 制作单词或者概念的学习卡片（参阅第 104 页，学习卡片的魔力）。

■ 复习并背熟课文中学到的生词。

■ 复习课堂或者预习笔记。

■ 制作学习表（参阅第 109 页，构建学习表：舍与留系统）。

■ 制作知识结构图（参阅第 111 页，创建知识结构图）。

■ 根据笔记内容、重要教材内容、所学外语词汇制作录音带（参阅第 183 页，怎样学外语）。

■ 复习课本内容和笔记内容。

■ 预习课文并做笔记（参阅第 88 页，超级笔记记录系统；第 93 页，预习笔记）。

■ 整理、更新笔记内容。

■ 更新两种学习历（参阅第 50 页，使用学习月历；第 54 页，分科月度作业记录表）。

■ 制作待办清单（参阅第 47 页，强化自我约束：使用待办清单）。

■ 订正以前作业、测验、文稿、实验报告等学习资料中的错误。

■ 把已经完成好的作业、笔记、讲义、试卷、实验报告等从活页夹转移到家庭归档系统的相应文件夹。

3．提前阅读。

■ 课本（参阅第 88 页，超级笔记记录系统；第 93 页，预习笔记）。

■ 图书馆的书。

■ 教育期刊（《科学美国人》《发现》《国家地理杂志》等）。

4．计算机操作。

■ 输入每堂课的新数据。

■ 为家庭作业编写程序。

■ 使用合适的教育软件。

■ 研究和使用线上提供的学习方法。

■ "打"书面作业，制作复印件等。

5．检查。

■ 核对"待办"清单，把已经完成的任务划掉。

■ 制作明天的"待办"清单（参阅第 47 页，强化自我约束：使用待办清单）。

■ 检查两种月历：核对目标日期，添加新的任务事项日期，对长期任务进行分解并写出分期任务目标，添加会议和活动（参阅第 50 页，使用学习月历）。

■ 检查你的活页夹和学习用品是否齐全（参阅第 38 页，手边学习用品清表）。

■ 在活页夹中添加新的作业提示单和分科月度作业记录表。

学前热身

　　只有经过充分预热，大脑做好了充分准备，才能转得更快！这和在冬天开车是一个道理，你必须先把钥匙插进点火开关发动引擎，让引擎空转一会热热车。然后想上哪儿的话，汽车就能跑得顺畅、高效。

　　下次当你坐下来准备开始做作业时，先想想这个类比。下面是一个简单的自查表，如果照其行事，你就能很快集中精力，开始预热，随后的学习时间就会效率倍增。

　　每次开始学习前，先让大脑预热！把下面的问题和答案用身体动作联系起来思考吧。

身体动作		问题		答案
1. 把桌前的椅子拉开。	➡	1. 我该先学什么？	➡	1. 几何。
2. 坐在椅子上。	➡	2. 我今天在课堂上学了什么？主题是什么？	➡	2. 角的种类。
3. 打开书本或笔记本，拿起笔来。	➡	3. 学了什么特别概念和术语？	➡	3. 直角、钝角、锐角。

　　提示：当尝试对任何必须循序完成的事物养成习惯时，可以把它和按序发生的身体动作对应起来。

聪明学词汇

新术语、新词汇是个学习难题，尤其当你不是从一开始就理解它们！但也并非无计可施。长远来看，如果能建立一个科学有序的系统方法来经常性地学习和复习，你就能避免浪费过多的时间，也能免去无谓的紧张和无效的努力。请依照第 66 页的聪明学词汇表，跟着这些简单易行的步骤来掌握新词汇（当你照做的时候，别忘大声说出来！）。

1．当你的课本或者教案中出现一个新词汇，马上把它记入"词汇"栏。在词汇下面记上在书中出现的页码或者这一课的时间以备将来参考。

2．把你猜测的最有可能的含义写在"我的含义"栏。

3．查字典，把正确的音标和词典注释的含义写在相应的栏内。

4．比较你给出的含义和字典给出的含义。如果有必要，改写一下你的含义。

5．使用这个词造一个适当的句子，写在"造句"栏。

6．把相关的主题、使用领域及同义词等写在"相关概念"栏。

7．制作学习卡片，帮助你记忆这些重要的词汇。按第 104 页，学习卡片的魔力给出的步骤制作。

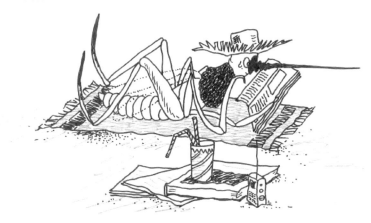

聪明学词汇表

	词汇	发音	我的含义	词典注释	造句	相关概念
1						
2						
3						
4						
5						
6						
7						
8						
9						
10						

复习！复习！复习！有时候说起来容易做起来难！但是复习能使学习过程变得更简单、更井井有条，从而为你节省时间和精力，避免精神紧张。

按照第 68 页提供的方法，每周进行所有科目的复习。把这看成一个避免痛苦、防止紊乱，能让你与最新的课程知识同步的好方法。这些步骤很容易模仿。（记得大声读！）

1．记住每周都要使用这张周复习表。

2．在你每周的最后学习时间单元中拿出 5～10 分钟来完成这张表格。开始后就一定要坚持下去。每天向表中添加信息。

3．每次开始学习前，先回顾一下这张表。

4．记住要包括所有的信息源，如课本、听课笔记、讲义等。

周复习（全课程）

姓名_____   日期____/____到____/____

科　目	主要学习主题	新词汇	已掌握内容	尚存疑问

离校检查单

	每门课程、每节课的作业提示单已经完成
	理解所有的作业要求，清楚上交日期
	备齐了所有必需的课本、作业本、学习资料和学习用品
	如有必要，在图书馆或者影像中心逗留一下
	见到了必须见的人，进行了必要的交谈
	复查了待办清单

把这张表格贴在你的课桌柜里，或者放在你当天最后一节课所用活页夹内页的封面处。这将帮助你克服"我忘记了"这一"病症"！

是什么让你不能专心学习？

专心就是控制你的注意力的能力。

- 使人分心的噪声。
- 你的身体状况（劳累或者饥饿）。
- 烦躁。
- 白日梦。
- 担忧。
- 对某门课程不喜欢。
- 在"错误"的时间学习。

- 电视、音乐、电话、食物、在床上或地板上学习。
- 对任务或者作业有"黑云压城"般的恐惧感。
- 缺乏责任感。
- 总是受到干扰。
- 注意力持续时间短。
- 对学习优柔寡断。
- 缺乏睡眠。
- 饮食不适。

有助于集中注意力的好习惯

- 从一开始就对学习"跃跃欲试"。
- 对课程培养出兴趣，让大脑有学下去的理由。回答下列问题：
  - 探寻文中观点。
  - 敢于提问和表达不同意见。
  - 预测结果。
  - 看到信息之间的联系或关系。
- 了解自己。
  - 利用你的学习模式。
  - 发挥自身优势。
  - 知道自己一天中什么时间学习效率最高。
- 设立清晰务实的目标。
  - 知道自己想学什么。
    - 把注意力集中在学习材料和信息的核心部分。
      - 简单勾画每一学习单元需要完成的学习任务。
        - 排除一切干扰。
        - 拿一份"干扰清单"，并持续努力让其"瘦身"（我们经常被一些事情反复干扰，但又搞不清这究竟是些什么事情）。
        - 知道自己为何而学。
          - 我为何需要这些知识。
          - 这些知识对我有什么意义，我将如何持续保有和巩固这些知识。
          - 将来这些知识如何为我所用。

做好了，再干啥？

当你完成一项作业后

回顾

- 作为一道作业题完成后的总结程序，简要检查一下。
- 跳读或浏览课文、笔记和讲义。
- 快速查看"3 英寸×5 英寸"的学习卡片（参阅第 104 页，学习卡片的魔力）。
- 自言自语。
- 重新制作思维导图，或者其他知识结构图（参阅第 111 页，创建知识结构图）。
- 在头脑中模拟你向别人讲解这个题目。
- 核对一下作业题目和你的答案，确认没有答非所问。
- 和朋友、同学、父母讨论一下这些题目。
- 24 小时之内再复习一遍。

深化学习

- 组建一个学习小组。
- 就所学内容设计可能的考试问题。
- 制作一份词汇清单以源源不断吸收自己所学的新词汇。
- 重复回顾的步骤。

评估作业完成质量

- 你的家庭作业格式是否正确？是否条理分明、易于阅读？
- 你是否已经全力以赴？
- 你学的是不是自己想学的？
- 对你将负起责任的这些信息，你是否真的理解？
- 还有可以完善之处吗？
- 你是否能通过重新表述、背诵或者详述这些学习材料，来证明你真正掌握了相关知识？

瞄准问题找对答案

　　第 74 页有一张疑难学习问题解决表，这张表的设计目的是推进一项"扫雷"行动。通过这项行动，你就能在那些难于理解的课堂内容、学科和教学材料中找出问题和麻烦，并获得解决问题的方法。对本章进行回顾，寻找适用的策略、方法和线索，设法提高技巧，以便发现和解决自己的"麻烦"之处。请记住，办法总比问题多。但要为问题找出正确的解决方法有时十分困难，甚至有点令人沮丧。要坚持不懈、充满信心，如果需要，也别忘了向父母、老师或者图书管理员求助。

疑难学习问题解决表

课　　程	课程学习中遇到的难题	解决方案和学习策略	战　果	犒　赏

- 经常性地检查学习环境，确认其能最大程度地保证专心学习。
- 拿出时间来"消化"新知识，保证每天复习。参阅第 59 页，学习时间的规律：成功的基石。
- 一次学习太多东西会让人头昏，所以要学会适当分解，各个击破。参阅第 109 页，构建学习表：舍与留系统。
- 如果能有足够多的重复，人脑能同时成功处理 6～7 个想法并且很好地保留信息。
- 把学习时间分散开就不像"填鸭式"集中猛灌那么累人。
- 使用学习月历和待办清单来调整自己的学习节奏。参阅第 47 页，强化自我约束：使用待办清单；第 54 页，分科月度作业记录表；第 53 页，在活页夹中使用学习月历。
- 井井有条地学习。参阅第 34 页，规划你的学习资源；第 40 页，彩色编码的妙用。
- 把难解的作业题目（任务）和不太费脑的作业题目（任务）交替进行，以调节大脑。
- 切记你的学习活动要和你的学习意愿合拍。参阅第 59 页，学习时间的规律：成功的基石。
- 先做最难的题目，以消除焦虑。
- 养成学习的习惯。参阅第 56 页，安排你的学习时间。
- 强化自己的学习能力。参阅第 104 页，学习卡片的魔力；第 201 页，组建学习小组；第 179 页，记忆术/改善记忆力的方法；第 244 页，成为积极的学习者。
- 认清拖延症的危害和改掉这一毛病的益处。参阅第 257 页，控制紧张感。
- 审视自己各项生活事务的轻重缓急，看怎样改善自己的行为模式，才能使生活更轻松、更成功。参阅第 248 页，解决问题；第 246 页，改善你的思考技巧。
- 观察和改善自己的时间管理模式，以便更好满足自己的学习生活需要。参阅第 56 页，安排你的学习时间。
- 学会利用空闲时间（排队时间、等人时间、等事时间等）参阅第 104 页，学习卡片的魔力。

- 在离开教室之前，务必确定已经知道老师布置的作业。使用作业提示清单。参阅第 41 页，使用每日作业提示表。
- 给自己规定合理的时间限制。参阅第 41 页，使用每日作业提示表；第 47 页，强化自我约束：使用待办清单。
- 为完成作业分配足够的时间，坚持预估完成任务需要的时间和努力付出程度。质量第一！参阅第 41 页，使用每日作业提示表；第 47 页，强化自我约束：使用待办清单。
- 不要战线过长，平均用力，要考虑你的承诺和每项任务的优先程度。参阅第 47 页，强化自我约束：使用待办清单；第 257 页，控制紧张感。
- 真正享受好你的"自由时间"。
- 对学习要抱有积极的态度。
- 愿意接受改善建议，并加以落实。
- 不喜欢某项作业和任务没有关系，但无论如何还是要完成它！
- 没得到好的分数，往往不是因为缺乏信息，而是因为信息缺乏梳理。
- 专心是学习过程中面临的最大挑战，所以要运用集中注意力的技巧努力排除干扰。
- 上床前，用学习卡片和知识结构图来复习学过的知识信息。参阅第 104 页，学习卡片的魔力；第 24 页，有效学习的要素；第 158 页，是什么妨碍了你，如何改进。
- 让阅读的资料和眼睛成 45 度角，以降低视觉疲劳程度。
- 学习中理解有困难或遇到问题时，要果断求助。
- 要熟悉班上的所有同学。大家可以互相借书、换书、一起学习、互相探讨疑难问题。
- 要理解你正在学习的知识，不要死记硬背！参阅第 156 页，重要的理解技巧；第 253 页，思考——散金碎银。

轻松学习这几步

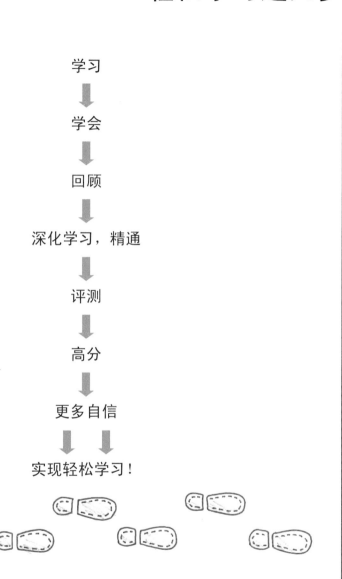

学习

↓

学会

↓

回顾

↓

深化学习，精通

↓

评测

↓

高分

↓

更多自信

↓↓

实现轻松学习！

笔记记录技巧

聚焦笔记记录技巧

1. 抱着积极态度，集中精力、主动学习。

2. 做一个积极的学习者，主动地记笔记。

3. 80%的时间用来听讲，20%的时间用来记笔记。

4. 不断扩展自己的简写速记系统。

5. 定期复习笔记。

6. 把学习科目和正确的笔记形式对应起来。

7. 经常把笔记内容整理成知识结构图的形式。

8. 从便利学习的角度出发，在笔记中正确使用颜色和形状，合理安排内容布局。

9. 把笔记集中在一起归置于活页夹中。

10. 别理干扰。

11. 记着你的学习模式测评结论。选择笔记工具来扬长避短。

笔记记录技巧概览

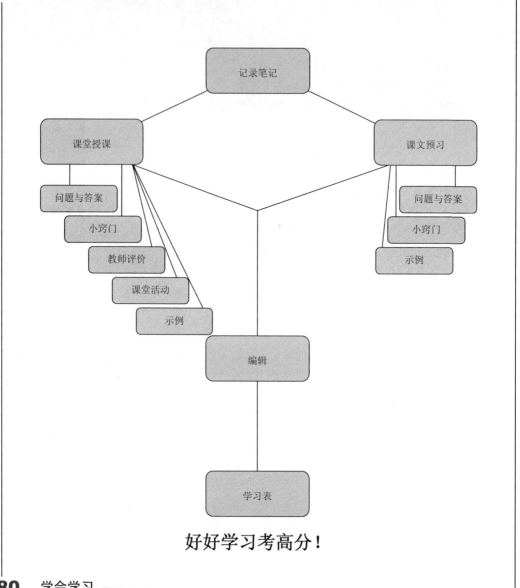

好好学习考高分！

笔记记录技巧

听讲和记笔记是课堂上的两大关键生存技能。不能积极、专心地听讲，准确地记笔记就是不可能的。不能有效地记录下笔记，学到的东西和留在脑海的东西，会大打折扣。

要成为学习达人，就必须得心应手地使用有效的学习工具。通过评测现有技巧，然后整合学习新的技巧，你的笔记记录功力就会进化成为成功利器，能够缩短学习时间，使备考的过程事半功倍。

在所有学习技巧中，记录笔记应该成为必杀技。笔记能供你以后反复温习参考，以巩固知识记忆。好的笔记记录方法，能使正在进行中的教学过程更有意义。把预习笔记和授课笔记结合起来，形成学习表能节省时间，降低紧张程度，使你的学习更加富有成效。够诱人？那就按下列步骤来做吧，让自己的学习生活更轻松一点。

如果掌握了下面这个系统化的方法，记下完美的预习和老师授课笔记就是完全可能的。本节将对你在笔记记录过程中可能遇到的一些常见问题，提供解决方案。

- 带着理解和领悟的目的认真阅读。
- 反复阅读课文。
- 识别老师授课中的主旨和细节。
- 加快书写速度，跟上老师授课进度。
- 编辑整理笔记。
- 考前要整理预习和听课笔记。

当你研读这些笔记记录技巧时，要把重点放在那些和你的学习模式最切合的要素上：视觉、听觉、动觉。

给三种模式的学习者提供的建议分别是：

视觉	听觉	动觉
• 注意看重要的词汇	• 大声读出词汇	• 使用知识结构图
• 把信息汇集在一张纸上	• 从一开始就认真听讲	• 把感觉和概念、信息联系起来
• 使用图画、图形和图表	• 口头阅读和复读学习材料	• 经常翻看学习卡片

改善笔记记录的步骤

确立做好阅读和听课笔记的愿望

为做好笔记提前进行准备

使用超级笔记系统

发现和改进影响笔记记录质量的问题

构建学习单

制作学习卡片

制作知识结构图

学会，记住，拿高分！

我们为什么会不听讲

输入过量

- 每天醒着的三分之一时间内，我们都在听。
- 有时会走神。

脑力

- 大脑适合理解语速为每分钟 600 字的讲话。
- 一般人说话语速是每分钟 100～140 字。
- 在"剩余"时间，你的大脑在想什么？

物理噪声

- 环境噪声影响。
- 周遭的环境不舒服。
- 身体疲乏，精力涣散。

个人思虑

- 情绪问题、思想问题占据头脑，对讲课内容充耳不闻。

说似乎比听更要紧

没有受过倾听技巧训练

- 倾听的技能没有得到持之以恒的训练。

"启动"太慢

- 个人不能从讲座和谈话一开始就迅速进入倾听状态。

不会往前听

- 不能对前时所听内容及时进行处理和记忆，因此难以应用于解读后续新信息，导致思维"掉挡"。

听课技巧

- "正心"，我确实想听讲。
- 只听老师讲课，不允许自己的思想开小差。
- 明白自己为什么需要听课，有目的、有目标。
- 始终对正在讲授的内容了然于心。
- 让思维保持活跃，要做笔记。
- 抗拒分心（身体的、思想的、情绪的）。
- 参与其中，当授课人讲述时，想象相应的实例加以体会。
- 对导入性和结论性的评论和见解要听得真真切切。
- 主动预测后续内容（这是最难的也是对深化记忆最有效的方法）。保持开放的心态。
- 注意"授课者的暗示"（声音、体态、语速）。
- 带着问题听讲（有助于思想的条理化）。
- 识别出授课者在传授知识信息时的思维方法。
- 始终努力尝试把概念和主要见解、细节、产生的原因、可能导致的结果，及解决问题的技巧结合起来。
- 既要听懂面上的意思，也要听出言外之意。
- 把事实和意见分清楚。
- 仔细听好课堂讨论的内容，对授课者强调和重复的观点要认真记录。
- 要始终注意总结归纳所学内容，并立即写出三条或者三条以上主要见解。

个人简写速记体系

为了更有效率、更高质量地记好笔记，每个人都应该建立自己的简写速记体系。这将让你在短时间内，省力、轻松地记录下更多内容。

为了最大限度地从体系本身和建立体系的过程中受益，这个体系应该充分体现个性化色彩。随着时间积累，体系应该变得更加一致、自然。

第一步☞浏览一下你最近的听课笔记，看同样的词出现了几次。给这些"通用"词列张表。这些词应该是你在课堂上最常用的词汇。

第二步☞给这些常用词选择一个代号或者缩写，以便你能快速地记下来。在一张 3 英寸×5 英寸的卡片上，列表写下这些词汇和它们的代号或者缩写，也可以在电脑上建立一个相应的文件。

第三步☞当你需要记笔记时，就把这张卡片放在课桌上。以这张卡片为参考进行练习，当需要写下这些词汇时，都用代号或缩写替换。

第四步☞当你发现一个词很常用时，马上补充进这个"通用"词表。

第五步☞坚持连续两周使用这张卡片，把你的"个人速记体系"变成一个轻松、有效的习惯。

这里有一些示例，可以帮助你起步：

因=因为	没=没有
∴=因此	政=政府
	前=以前
➔=随之	rt=对
继=继续	*=重要
+、&=和	介=介绍

第六步👉为适应一场针对特定题目的"特别讲演"需要，你要制定一个一次性的代码系统，以便能做好笔记。因为在这样的场合一定会涉及一些在此反复出现，而又不在你"个人速记体系"中的特殊词汇。一定要注意听讲，特别是在讲演开场时，因为这时老师可能会把在这场演讲中涉及的新词汇先做一个简要介绍。

　　👉注意！关注那些在整个演讲过程中，在屏幕和黑板上反复出现的词和词组，把它们加入你的表格。过后，如果有必要，在自习时间把这些新词语和它们的代码、缩写都加入到你原有的"个人速记体系"表中。

　　👉你会明白你用的缩写语的含义，因为在笔记纸上有"钥匙"。这也可以作为学习指导来帮助你掌握重要词语。为了满足这一特定需要，在笔记纸的左上角画个方框，把代号和它们对应的意思写下来。这个方框要有点预留空间，以备在演讲过程中添加新的代号和对应意思。在听讲过程中，以及事后复习、整理笔记时，你都可以使用这把"钥匙"。

示例：个人简写速记体系

RC=岩石圈 沉=沉积 变=变质的 火=火成的	地球科学 蕾切尔·布莱尔 3 月 20 日 听课笔记：岩石圈

超级笔记记录系统

在听讲时，80%时间用来听，20%时间用来记录，那么你的记忆和理解水平将大幅度提升。

当你把信息归类整合，当你既记录笔记又阅读笔记，你就会记住更多的大标题、小标题、细节和示例。

你的头脑不但能记住书面内容信息，还能记住横向和竖向的空间位置信息。

只顾埋头在纸上大记特记，最无助于你记住所写内容。

为什么要使用这个系统？

这套康奈尔笔记系统的推广使用已经有些年头了。这里对系统做了改进，补充了更多细节，因此格外有助于你了解为什么需要做好笔记和如何做好笔记。此举，将使你的生活更轻松。这套超级笔记记录系统能有效满足下列需求：

- 把以前做的预习笔记带回课堂作为听课指导，所以现在做听课笔记时的紧张度大大降低。
- 对老师重复传达的信息，仅仅需要在文本栏里用下划线标记即可。
- 听得多，写得少，十分有助于提高记忆效率。
- 把预习和听课笔记通过重要词语联系在一起。
- 围绕列在单独栏框里的词汇组织信息。
- 通过在空白处写下简明扼要的笔记，能大大节省时间。
- 使信息源很快突显出来（预习或者听课笔记中，或者二者兼有）。

经常参考第 91 页的示例：笔记表，以便更好理解下列步骤。

你能用更简单的方法记录笔记！

超级笔记记录系统指导

这种记录笔记的方法是把预习笔记和课堂听课笔记通过重要的学科词汇结合起来。这能帮助你以主要概念为线索，把来自两方面的重要信息整合起来，让你既节省了时间，又减少了课堂上的紧张感。

用这张表格纸把预习笔记简单抄录下来，然后把它带到课堂上。

在学习以下步骤时，请参考第 91 页的示例：笔记表。

"关键字"栏

- 把关键字填写进去（字体要加粗、倾斜、加下划线，如果是新的学科词汇就用彩色表示）。
- 在关键字下面，写上出现的页码，以备快速查阅。
- 在制作知识结构图时，表示这些关键词的图框，要处于整个结构图的中心位置（参阅第 116～124 页，知识结构图）。
- 用这些关键词来制作你的"神奇学习卡片"（参阅第 104 页，学习卡片的魔力）。

"预习笔记"栏

- 在做阅读作业的同时记下笔记。
- 留意课文的组织结构：大标题、次级标题、示例、次级示例、细节。
- 使用空格和缩进，以便笔记内容显得结构层次分明。
- 使用着重号（小圆头）对大标题、次级标题、细节、示例、次级细节等加以区分。
- 不要使用正式的数字或者字母序号系统（Ⅰ、Ⅱ、Ⅲ、A、1、2、3、a、b、c……），因为：
  - ▲ 这些符号会分心。
  - ▲ 它们太强调形式而不是内容。
- 不要使用完整的句子和长词组。
  - ▲ 只使用由 3～4 个词构成的短句子。
  - ▲ 你写得越简单，记起来越容易。
- 在概念之间留下空白以方便后续补充。

"听课笔记"栏

- 使用同一张纸来记录课堂授课内容。
- 认真倾听授课内容、课堂讨论内容和学生评论。
- 把这张笔记纸当成你的听课指南。
- 使用"关键字"栏里的那些"关键字"作为线索，以便快速定位需要关注的内容。
  - ▲ 如果老师讲课的顺序和预习笔记的顺序不一致，你可以使用这些关键词来找到标题。
  - ▲ 当老师的授课信息和预习笔记的信息一致时，你仅需在这些字句下面画线以加深印象，没必要再抄写一遍，集中精力听讲就好。
- 记住，在做笔记时，尽量坚持多听少写，这能帮助你真正学到知识，并且记忆牢固。
- 对老师授课时讲到而预习笔记栏没有记载的知识信息，你应该记在"听课笔记"栏内。

使用笔记

- 可以用来对知识点进行自测：
  - ▲ 把一张空白纸盖在"预习笔记"栏和"听课笔记"栏上。
  - ▲ 口头复述所有和第一个关键词有关的信息。
  - ▲ 把纸拿开，把两栏中有关这个概念的信息都露出来。
  - ▲ 把两栏内的有关知识信息再读一遍，看自己刚才的复述准确性如何。
  - ▲ 把自己刚才复述中遗漏的信息大声读几遍。
- 创建知识结构图（参阅第 111 页，创建知识结构图）。
  - ▲ 把"关键字"栏内的那些"关键字"作为中心图框。
- 制作"神奇的学习卡片"（参阅第 104 页，学习卡片的魔力）。

词汇缩写索引指南

鲸——鲸鱼
须——须鲸
座——座头鲸

科目：科学
日期：9/27
姓名：蕾切尔·布莱尔
海洋科学　单元

关键词	预习笔记	听课笔记
鲸 44	鲸	
须鲸 45	须鲸（大标题） ● 使用鲸须（次级标题） ● 无牙（细节） 　■ 像羽毛 　■ 过滤浮游生物 ● 大小 　■ 20 英尺～100 英尺 ● 成群游弋 　■ 5～30 头一起 　■ 雄性领头 ● 三种类型 　■ 座头鲸（例子） 　■ 蓝鲸 　■ 鳍鲸	● 褶状喉 　■ 吞水 　■ 须向后推过滤水 　　▲ 捕食浮游生物 ● 经济价值： 　■ 肉 　■ 油 　■ 骨
座头鲸 46	座头鲸 ● 有名之处：歌唱、雄性 ● 大小： 　■ 62 英尺 　■ 53 吨	● 颜色：（次级标题） 　■ 黑色（细节） 　　▲ 非黑色部位/身体下方（次级细节）

笔记表

词汇缩写索引指南

科目: _____
日期: _____
姓名: _____
_____

关键词	预习笔记	听课笔记

为什么要记预习笔记？

用笔记来唤起你对前面学习内容的记忆是个好主意。为了帮助你长期有效地节省时间和精力，你需要改变习惯，不能再把阅读课文内容的工作拖到这一教学主题的授课之后，甚至仅仅是在考试之前。应该把这项工作提前到授课之前。

要开始认识到，当你在课堂上听老师讲解有关概念时，你不应是两眼一抹黑，而应当是有备而来，要把听课过程变成你对自学的知识概念的回顾和理解过程。所以，当老师为下节课内容布置预习任务时，按老师的建议学习相关学习资料，这对你大有好处。这是因为：

- 让你在上课前一两天，在课后家庭学习时间，在一个相对轻松的氛围下记笔记。这样，你就能自如地运用自己的时间，做出有实效的好笔记。
- 给课堂上留出时间来学习理解新的知识信息，而不是只顾埋头在笔记本上奋笔疾书，却把消化理解的"重任"拖到课后。
- 在课堂上，这些笔记可以作为很好的"听课向导"（参阅第 88 页，超级笔记记录系统）。
- 给你提供时间来熟悉这些新的学科词汇，它们的含义和用法，新的概念和细节，浏览新的学习资料，以及它们是如何"彼此契合"的。

下面的场景够常见了：学生因为未提前预习课文，不提前做预习笔记，只好在课堂上疲于奔命地记笔记，结果弄得自己心情不佳。他们一边在课堂上拼命记，一边还想尽量把这些前所未闻的知识听清楚。课后，绝大多数这样干的学生，都会嘟囔着"听不懂"，焦头烂额地离开教室，准备回到家赶快复习笔记"亡羊补牢"。这种做法与大脑的理解和记忆规律背道而驰，会导致不必要的紧张，拖长课后家庭学习时间会导致学生产生挫折感而不是自信心。简单地说，这无疑是自我摧残！

仔细地按照第 88 页超级笔记记录系统的步骤来做，学会轻松做笔记的窍门，完美地把预习笔记和听课笔记结合起来，这会大大提升你的学习质量。这么有用的方法，学起来却是难以置信的简单，开始学习吧！

<u>开始之前</u>

第一步 回想一下预先阅读章节或者单元内容所需要的步骤（参阅第 152 页 SQ3R 以此帮助你把注意力集中于你的阅读作业）。

第二步 明确阅读目的，以此鼓舞自己进入活跃的记忆、理解状态。如果在你实际阅读开始之前，你对掌握有关信息已经有一个特别清晰的目的，那么你可能就不需要重读了，这无疑会节约时间。

第三步 下面这些类别的内容，一次就读一段（不用记笔记）。

- 大标题。
- 次级标题。
- 细节和示例。

第四步 参照第 88 页，超级笔记记录系统所给出的步骤开始你的笔记。

发现预习笔记中存在的问题

在这里找到解决办法

问　题		对　策
何时读教材内容最好？	➤	• 参阅第 93 页，预习笔记。 • 参阅第 55 页，学习时间。
当记笔记时，我搞不清什么重要。	➤	• 参阅第 93 页，预习笔记。 • 参阅第 135 页，聚焦阅读技巧。
我在围绕一个中心概念组织细节时感到困难。	➤	• 参阅第 92 页，笔记表。
我不知道该写下多少内容。	➤	• 参阅第 89 页，超级笔记记录指导。 • 参阅第 108 页，如何整理和复习笔记。
我难以长时间集中注意力，不得不反复阅读。	➤	• 参阅第 59 页，学习时间的规律：成功的基石。 • 参阅第 94 页，笔记步骤。 • 参阅第 136 页，阅读。 • 参阅第 75 页，金点子荟萃。
我对所读的内容理解不了也记不住。	➤	• 参阅第 94 页，笔记步骤 2～3。 • 参阅第 136 页，阅读。 • 参阅第 171 页，记忆。 • 参阅第 255 页，学习和复习中的好问题。 • 参阅第 256 页，怎样思考。 • 参阅第 256 页，学习知识的通用步骤。
我搞不懂这些信息是如何结合到一起的。	➤	• 参阅第 91 页，示例：笔记表。 • 参阅第 111 页，创知识结构图。 • 参阅第 136 页，阅读。 • 参阅第 255 页，学习和复习中的好问题。 • 参阅第 269 页，自主学习攻略。
我被应试所需要学习的那么多学习资料吓坏了！	➤	• 参阅第 109 页，构建学习表：舍与留系统。

记好预习笔记的建议

在阅读课文时

问　　题		对　　策
课文无聊乏味。	➡	把信息分解成小的单元。努力把它们全拿下，并在成功时犒赏自己。参阅第 152 页的 SQ3R，获取参考方法并确立阅读目标。
总是心猿意马。	➡	一次集中精力只读一段，一走神就在一张纸上画一条线，提醒自己已经走神了。定下目标，争取画下的线条越来越少。
词汇太难。	➡	读每一段时，争取通读不停顿。尽可能用上下文来推断意思。读完后，难词查字典，并把意思记下来。
内容多而时间少。	➡	建立学习小组。把待学习的材料内容按页数、章节等分配给各个成员。 每一个成员都要记好笔记并研读有关信息。小组成员口头分享自己负责的材料。 把大家创作的笔记汇总复印，共同分享（即使如此，学习小组的工作也不能替代你自己应做的通篇阅读）。
读了许多次还是不理解。	➡	建立学习小组（参考上面）和朋友讨论。 在校内或者社会上找个辅导老师。 向老师请教或者借助图书馆的帮助。

- 两周内，听到的内容你会忘记 80%！
- 四周内，听到的内容你只能记住 5%！
- 写下来，记住的可能性提高 10 倍！

为什么要记听课笔记？

因为我们的记忆消失很快，而老师希望你记住并且在将来应用所学知识，所以把所学内容记下来以备将来运用就显得十分必要。有效率、有成效地记好笔记，能帮助你成为积极的学习者，把自己充分融入学习生活之中。有条不紊的听课笔记有助于深化对知识的记忆，从而在考试中取得好的分数。

课前

- 在家里，在上课前一天的家庭学习时间，为每门课程安排 10 分钟预习时间（参阅第 59 页，学习时间的规律：成功的基石）。
  - 略读或浏览上节课老师安排的课文、材料或者听课笔记。
  - 准备明天活页夹、书包中需要的所有学习资料和学习用品。
    - ▲ 笔记本纸、作业表。
    - ▲ 钢笔、记号笔、铅笔。
    - ▲ 必要的讲义、以前的作业、正在做的作业。
- 在学校：
  - 检查一下自己的资料柜和书包，看是不是需用的课本、夹子、学习资料、用品都已经到位。
  - 计划好到课堂的时间，保证能有足够时间打理齐备，顺利进入学习状态。
  - 连续两节或三节课需要的东西，一次都从资料柜里拿过来，这样你就不必每节课结束都去取东西而导致时间浪费。
- 课堂上：
  - 坐在前排。
    - ▲ 避免坐在你前面的人干扰你。
    - ▲ 坐在老师的视线以内，有助于你保持注意力，不开小差。
  - 课本要翻开到正确的位置。

- 把家庭作业、讲义、实验报告等都整理预备好，保证需要时能马上拿出来。
- 把自己的 3 英寸×5 英寸简写速记对照系统卡摆在桌面上以备参考（参阅第 85 页，个人简写速记体系）。
- 使用你的笔记表记录听课笔记，把听课笔记和预习笔记整合到一起（参阅第 92 页，笔记表）。
- 如果要启用新的笔记表页，要把日期和抬头提前写好，以便从一上课开始，就保持精力集中。
- 从上课一开始，就为听课和记笔记做好充分的心理准备：
  - ▲ 80%时间用来听课，20%时间用来记笔记，最大程度地提高理解和记忆效果。
  - ▲ 踊跃成为积极的学习者和笔记记录者。

课堂时间

- 听取并记下老师对笔记或其他学习资料提出的任何指导意见和规则。
- 在你笔记纸的抬头下面写上本节课的授课题目。
- 听清并记下主题词汇：
  - 一般在每堂课的开始几分钟,老师都要点出本次授课所包含的主题词汇。
  - 马上把这些词汇写入笔记纸的主题词栏，并且编上号或者缩写（参阅第 92 页，笔记表；第 85 页，个人简写速记体系）。
- 整堂课都要使用这些速记代号（参阅第 92 页，笔记表；第 85 页，个人简写速记体系）。
- 要密切注意导入性信息（最初几分钟）和总结信息（最后几分钟），因为这里面包含着老师想传达的最主要信息。
- 保持注意力集中。
- 为帮助你集中注意力，可以不住地对当前正在讲授的内容自我提问一下：
  - 我已经学懂多少？
  - 这个主题我以前在哪里听过或者读过？

- 接下来会讲什么内容？
- 和昨天的课有什么联系？
- 根据目前的信息，老师会引申出什么结论？
- 目前所讲的内容和课文、讲义有什么联系？
- 上课期间要用你的作业提示单：
  - 把它放在夹子中好找的地方。
  - 作业题和考试时间始终记在统一的位置。
- 注意重要信息的提示信号。
- 老师写在黑板上的内容都要抄下来。
- 对讲义中老师引导讨论的内容做记号。
- 始终记住要把老师下的定义和列举的内容记下来：
  - "这个过程的四个步骤……"
  - "七个特征是……"
  - "两个原因是……"
  - "四个理由是……"
- 注意听重要的评论：
  - "而且不要忘了……"
  - "这是一个重要原因……"
  - "要特别注意的是……"
  - "基本看法是……"
  - "……我还会回到这一点，就是……"
- 注意观察老师的形体语言。每个讲演者都有自己独特的"形体语言"，暗含着一些重要的信息：
  - 指。
  - 扳着指头数。
  - 面部表情。
  - 往前迈步。
  - 敲桌子。
  - 胳膊曲张。
  - 抬手或者抬胳膊。
  - 时坐时立。

- ■ 踱步，停下来，然后面向同学们。
- ■ 在教室里的书桌过道间来回走动，然后停下或者转身。
- ■ 从讲台后抬起手或手指。
- ■ 在讲台后变换站姿，有时候臀部或者腿从讲台下露出来。
- 听老师语调的变化，发现重要信息：
  - ■ 语速变化。
  - ■ 音量变化。
  - ■ 音调变化。
- 注意多次重复的信息：
  - ■ 在左侧栏中，画星号、散列线或者其他符号。使用"关键词"栏。（参阅第 92 页，笔记表）
  - ■ 要勇于举手提问，可能班里三分之一的同学都不懂呢。
  - ■ 老师喜欢有兴趣和好奇心的学生，因为这代表他们认真地关注到有关信息。
- 老师没讲话的时候，也不要停止记笔记。
  - ■ 可以记下课堂讨论和报告、学生评论、课堂展示的图表表格等内容。
- 圈出任何不清楚的信息，可以向老师求教或者课后到图书馆寻找答案。

课后

- 在合适的时候向老师请教任何遇到的难题或者到图书馆找答案。
- 找同学借笔记，把你笔记没记全的内容补上。
- 总结你的笔记内容，画出知识结构图（参阅第 111 页，创建知识结构图）。
- 在 24 小时之内，整理、温习笔记。
- 每天每一科目都要制作针对新的主题词汇制作学习卡片（参阅第 104 页，学习卡片的魔力）。

发现听课笔记中存在的问题

问　　题		答　　案
在听讲时，我不能保持专注。	➡	• 参阅第 61 页，学习时间的规律的第十条。 • 参阅第 83 页，我们为什么会不听讲。 • 参阅第 84 页，听课技巧。 • 参阅第 97 页，听课笔记记录。
记笔记时，我分不出重点。	➡	• 参阅第 97 页，听课笔记记录。
在听讲时，我老是写不快。	➡	• 参阅第 85 页，个人简写速记体系。 • 参阅第 88 页，超级笔记记录系统。 • 参阅第 91 页，示例：笔记表。
当记笔记时，我感觉很难记得有条理。	➡	• 参阅第 88 页，超级笔记记录系统。 • 参阅第 91 页，示例：笔记表。
我不会把听课笔记和预习笔记整合到一起。	➡	• 参阅第 88 页，超级笔记记录系统。 • 参阅第 89 页，超级笔记记录系统指导。 • 参阅第 91 页，示例：笔记表。 • 参阅第 109 页，构建学习表：舍与留系统。 • 参阅第 111 页，创建知识结构图。
记好笔记，我不知道怎么用。	➡	• 参阅第 109 页，构建学习表：舍与留系统。 • 参阅第 111 页，创建知识结构图。

记好听课笔记的建议

授课者		笔　记
1. 授课者很有条理。	➡	1. 笔记容易记，也容易记得有条理。
2. 授课者语速太快，声音单调，或者有其他表达问题。	➡	2. 努力尽快调整适应，当一个优秀的辨音者。
3. 授课者很乏味。	➡	3. 强迫自己成为活跃的倾听者。猜测下一步要讲什么内容，思考这和现有的资料之间存在什么联系。下一步将会提问什么问题。当不记笔记时，就把一张便条纸放在手下。不用看，当你一要走神时，就画个勾。这个动作将提醒你重新集中注意力。争取每天画勾越来越少。
4. 授课者爱用难词和生僻词。	➡	4. 提前阅读授课将要涉及的内容，生词课后再去查。
5. 授课者讲课时老是用到书。	➡	5. 把书拿在手上，找到并记下重要段落。
6. 授课有点散。	➡	6. 谈到的每个主题都适当记下一点，导入和结论部分要听好。
7. 授课者话题跑到个人经历和事例上。	➡	7. 乘机放松一下，但是别忽略任何主要思想和细节。
8. 你不喜欢这个授课者。	➡	8. 不要费时、费力地研究你为什么不喜欢他了。你需要知识；允许自己不喜欢这个授课者，但还是要继续做笔记！

教师姓名	教学建议，教学系统，教学方法，口头和非口头的信号	最经常使用的材料	我采用

学习卡片的魔力

<u>为什么要制作学习卡片？</u>

在记忆单词、概念含义等知识内容时，学习卡片是最成功的学习工具。卡片本身价格不贵，容易整理，方便存放在口袋或背包中，使用方便。制作学习卡片省事省时，但当你备考时、预备演讲或者报告时，却能提供极大的帮助。一句话，制作并使用学习卡片能让你无往而不利！

学习卡片和你的大脑学习过程能相得益彰是因为：

- 抓住重点词汇和概念。
- 把"三"的秘诀应用于单词、概念记忆的形成和复习流程（"三"是你发挥脑力的秘诀）。
- 鼓励积极的学习（使用实物教具辅助学习）。
- 降低考前的沮丧和焦虑。
- 通过经常和连贯的复习促进长期记忆的形成。
- 能方便、有序地对整个学期学到的词汇加以收集，方便随时学习。

需用的材料

- 单词表，在课文和听课笔记"关键词"栏中的单词（参阅第 91 页，示例：笔记表）。
  - ▲ 把单词表按三个一组，分成若干组；每组单词和释义之间用线连起来。
  - ▲ 如果看到整个词汇表对你是个干扰的话，可以把纸折成扇形，这样一次就能看到三个单词，有助于集中精力。
- 单词的释义根据词典或者老师的讲授。
- 使用 3 英寸×5 英寸的卡片纸。
  - ▲ 使用发亮的或者清淡柔和的纸（纸的颜色和该学科的彩色编码一致，参阅第 40 页，彩色编码的妙用）。
- 蓝色或黑色的笔。
- 手持打孔器。
- 1 英寸开口环。
- 不同颜色的单独标签。
- 放卡片的盒子。
- 橡皮筋。
- 小即时贴。

制作学习卡片的步骤

第一步🖅大声把这个单词读出来。

第二步🖅当把这个单词写在卡片上一面的中间时，大声拼读这个单词。

第三步🖅写完端详一下整个单词，再念一遍。

第四步🖅翻转卡片，从底往上翻（不是从一边到另一边，这样另一边写的注释方向就是正的；卡片两面的内容就都能容易读出来）。

第五步🖅把注释也大声读出来。

第六步🖅把注释写下来（拼读在这里未必重要），一边写一边大声读单词。

第七步🖅大声读上面的单词，当进行 7～11 的步骤时，你可以开始踱步，这样学习氛围更活跃。

第八步🖅把卡片翻过去，检查你是否正确。

第九步🖅读出定义内容（注释）。

第十步🖅卡片翻过去，检查你是否正确。

第十一步🖅重复 7～8 的步骤。

第十二步🖅开始第二、三个单词，重复 1～11 的步骤。

第十三步🖅在卡片上部的左侧或者右侧打孔。

第十四步🖅把三张卡片装在弹簧夹上。

第十五步🖅考考自己。

- 把第一张卡片上面的单词和含义（注释）大声读出来。
- 翻过卡片，检查自己的答案是否正确。
- 把所有卡片重复一遍。

- 把三张卡片一块翻过去，继续用上面的方法考自己，不过这次先说定义（注释），再说出对应的单词。
- 把卡片再翻过来一次，先说单词，后说对应的定义。每次说完后，翻过来看自己刚才说的是否正确。记住要大声说。

第十六步 ☞ 就这样把单词表上的词汇，一次完成一组（三个单词），直到都做成卡片。

- 按上述步骤，逐张练习。

记忆卡片内容

你必须一周两到三次，主动地复习卡片内容。

- 一张一张快翻卡片，先说单词后说定义，说完后翻过卡片检查自己说的是否正确。
- 再一次，这次先说定义后说单词，说完后翻过来检查自己说的是否正确。
- 最好的复习记忆时间是晚上睡觉之前。
- 你的下意识总是"回放"你神志清醒时刚刚"装载"的内容。
- 复习十分钟，然后睡觉。

在冲澡时学习

时间紧张？这是个好招。

- 把学习卡片放在密封的塑料袋里。
- 用宽胶带把小塑料袋口朝下贴到浴室的墙上（防止袋中积水），高度与眼平齐。往上掀起要能看到背面的内容。
- 把所有要学习的卡片都按这种方法贴上，直到墙上贴满一排到两排为止。
- 学完把卡片拿走。

提示：

- 坚持双向信息输入（先单词后定义或者先定义后单词）。你记忆某个对象的顺序和你回忆起它的顺序是一致的，当你不住地来回学习单词和定义，你就能很容易地把二者都想起来。这既免得浪费时间，也免得搞坏心情，尤其是在考试中做词语和释义搭配的题目时。
- 立即行动别拖拉！每天晚上都及时把每门课程需要做的卡片做好！匆忙地在考试前一次抢做五十张，可比平常按部就班悠着做紧张累人得多。
- 每周复习一次全部卡片，即使这个专题刚考过试也别叫停。这样面对期中和期末考试，你就会从容得多，成绩也一定不会差。

存放学习卡片

完成一个单元的学习或考试以后，可以把卡片存起来，等期中、期末或者结业考试时用来复习备考。

- 每门功课卡片都要使用颜色协调一致的标签来标记，如，红的代表数学，绿的代表科学等（参阅第 40 页，彩色编码的妙用）。
- 彩色标签上写大标题以便以后的学年能再用，比如，用"数学"而不用"代数"这样的名称。
- 要把彩色标签贴在同样颜色的 3 英寸×5 英寸分区卡顶端，贴的位置要前后相互错开，以便检索。
- 把分区卡放在塑料收纳袋中。
- 把学习卡片都从弹簧环上卸下来。
- 分别用皮筋扎好。
- 贴上一张便利贴（专题、单元或章节、具体对应的教材页码，等等）。
- 把这些学习卡片归类放在不同标签的分区卡后面。
- 如果需要复习，你可以在任何时间轻松地找到想要的卡片！

如何整理和复习笔记

这项工作的含义是什么？

- 就是对你的预习笔记和听课笔记进行改正、修订、补充的一系列工作。

为什么要做这些？

- 使你的笔记更加准确、完整，易于理解和记忆。
- 使你的笔记更加条理分明。

怎样去做？

- 读自己的笔记。
- 预计为每份笔记花费 5～10 分钟时间。
- 在笔记完成 24 小时之内就要进行整理。
- 把大标题当成问题来试着回答。
- 在需要的地方把代号和缩写恢复成原型词。
- 弄清老师讲授的各个观点和含义并互相联系、综合把握。
- 补充个人见解。
- 列出需要向老师请教的问题。
- 使用回忆线索系统：
    ▲ 在笔记页左侧留下一栏 1～2 英寸的白边。
    ▲ 当整理笔记时，添加一些能激发回忆的"线索"词。
    ▲ 在整理时，可以遮住右边，看看能不能用左边栏内新添加的"线索"词回忆起盖住的内容。

构建学习表：舍与留系统

为什么要构建学习表？

学习表是一张大总结表，你可以用来：

- 全面整合预习笔记、听课笔记、研究信息以及你自己的见解。
- 迫使你在再次誊写中心观点和重要细节时，对笔记持续保持注意力。
- 成为积极的学习者，而且更清晰地理解细节和主要观点之间的关系。
- 让笔记瘦身，变得更精练，但是用起来更有效率、更有效果。
- 能持续追踪变化中的信息和附加的信息。
- 当考试临近时，能节省备考时间。按流程学习，总是能学得更轻松。

第一步☞收集整理一门科目涉及的所有听课笔记、预习笔记、讲义等。

第二步☞把这些学习资料都摊开放在工作台面、地板或者其他平面上，以便都能注意到（这是"舍"的部分）。

- 记住笔记只记在一面，这样不用翻页你就能看到所有的笔记内容。

第三步☞确定整理这些资料的最好办法。

- 花费几分钟针对这一章的主题进行头脑风暴。
- 把每一个主题都分别写在一张单另的 3 英寸×5 英寸的卡片上。
- 把这些卡片在工作台面、地板或者其他平面上排成一行放置。
- 如果有必要，要按次序排列（如按时间前后，按听课笔记时间，按顺序）。

第四步☞扫描所有的笔记。

- 牢记你记在卡片上的主题。
- 把所有和第一个主题相关的材料收集起来。
- 如果一页纸上牵涉多个主题，就把它剪成多个部分，以对应各自的主题。

第五步 ☞按不同的主题卡，把学习资料各自归堆。（这是留的部分！）

- 把相关的笔记页放在第一张主题卡下面。
- 对剩下的笔记记录页采用同样的处理方法。
- 直到把所有的笔记记录页都放在了与其相关的主题卡下面。
- 现在所有的笔记记录页都归在不同的堆里了，并且顶上有不同的主题卡加以区分。

第六步 ☞颜色编码。

- 先处理第一堆，在笔记记录页上用记号笔把主要概念和细节分别画出来。
- 用不同的颜色来区分每一个主要概念（概念组），也用来区分次级概念、细节等。
- 当你研读自己的笔记时，要留意信息是怎样组织的，你又是怎样把这些信息联系到一起去理解的。

第七步 ☞建立知识结构图。

- 先为第一堆资料建立知识结构图（参阅 111 页，创建知识结构图）。
- 对每一堆资料都读一下，看建立知识结构图的资料是否都已齐备。

第八步 ☞重复。

- 对剩下的每一堆资料都重复步骤六和步骤七。
- 如果有可能，把这些知识结构图再连接起来。

建议

设计知识结构图要成为你学习生活中的常规动作，而不仅仅是为了应试。如果你能持续地对知识结构图进行更新，不断把新信息加入进去；那么当考试时间宣布后，你将有充裕时间备考，因为绝大多数考试要求的知识信息实际上已经在你的脑子里了。

创建知识结构图

为什么要创建知识结构图？

知识结构图是你强化脑力的超级利器。它是非常成功的助学手段，因为它不但完美契合你的学习之道，并且能把许多经研究证明对学习有正向促进功能的方法整合进来。它还能让大脑同时运用多重重要的学习方法。正确创建知识结构图能把你的三种学习模式一起调动起来，对知识信息形成非常完美的记忆。这样，当需要时你就很容易回忆起来。

知识结构图帮助你：

- 观察到所学知识的全貌和结果，看到各个概念是如何相互联系又相互支撑的。
- 看到部分和细节，它们是怎样一步步分解下去的，又是怎样联系起来构成整体的。
- 使用颜色、形状、位置、字词和数字（既能快速识别，又是长期有效的因素）。
- 同时调动视觉、听觉、动觉三种学习机制。
- **听到它**——在你学习的整个过程中大声地和自己交谈（快速阅读时除外）。
- **看到它**——在写的过程中，注视自己所写的内容。
- **写下它**——在写的过程中，你的大脑"看"到了这些信息和图形。
- **动手完成它**——通过向图形化转化，把笔记中的信息提纯、转移到另外一张纸上。在这一过程中，身体始终保持着活跃状态。
- 无论是简单还是复杂的材料都能比较容易地理解和记忆。
- 当学习了大量的资料后，有更多的内容能够回想起来。
- 根据头脑中记住的知识结构图在试卷上作答，能大大减少紧张情绪，消除模棱两可的困惑感，并能给论述题提供作答方向。

你将会看到这些学习工具到底有多强大。在尝试构建自己的知识结构图之前，先研究一下第 114 页的披萨知识结构图。

记住要大声说！

需要的材料：

- 能画多种形状的模板（数据处理模板等可从文具店购买）或者你也可以自己画图。
- 各种颜色的细线钢笔和铅笔，写字清晰。
- 空白纸张。
- 修正带和橡皮。

创建知识结构图的步骤

按下列步骤作图时，请参考第 114 页的披萨知识结构图，同时参考第 109 页，构建学习表：舍与留系统。

第一步 ☞对运用舍与留系统后，留下的每一堆材料都要画出知识结构图。

第二步 ☞从你的笔记或者讲义中选取一个主要领域。使用每一堆材料上面放的那张主题卡上的标题。

第三步 ☞把最主要的大标题写在纸张的中央，使用一种颜色。

第四步 ☞把一个主要的下级标题写在大标题的边上（使用笔记所用的彩色编码，看示例中的肉和披萨）。

- 大标题用一种颜色，次级标题的形状和细节各选一种颜色。

- 示例：披萨（黑色）；矩形框及其字词：肉、意大利香肠、加拿大培根（红色）；椭圆及其字词：青椒、橄榄、蘑菇（绿色）。

第五步 ☞用直线把细节引进来并和次级标题连起来（在笔记中使用色彩编码，示例：意大利香肠在披萨上）。

第六步 ☞根据需要重复前面的两步。

第七步 ☞记住所有的字词都用缩写形式。

记住下列简单的规律：

- 心里要按顺序记住颜色、形状、位置、字词和数字。
- 做一个积极的学习者：在画图过程中听、看、说、写、做一样别少。
- 任何信息如果和知识结构图结合起来，都能学得更快，记得更牢。
- 一个条目只用2～3个词。
- 留下空白，保持简洁。
- 把材料分解成小的单元；一次添加5～7个项目，学习这些项目，再另添加5～7个，依此类推。
- 经常为任何一个科目创建知识结构图。及时了解将要学习的知识信息能舒缓紧张情绪，减少备考时间，给你稳操胜券的感觉！

示例：披萨知识结构图

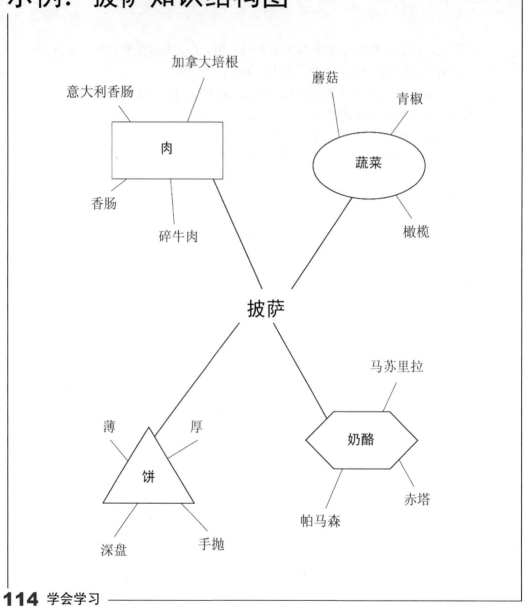

如何学习知识结构图

第一步 ☞ 对一幅知识结构图研究 30 秒，准备马上把它复制出来。

第二步 ☞ 把这页纸翻过来，放到一边。

第三步 ☞ 准备在一张不带格线的纸张上，用笔把这幅图默写出来，越快越流畅越好（别忘用速记形式）。

- 使用彩笔，这样你的大脑将以色彩为媒介把把信息联系起来。
- 再用蓝黑墨水或者铅笔来复制，这是模仿考试时的情形，因为考试时彩笔不能使用。
- 你的大脑将习惯用彩笔来创建，然后用黑白颜色来复制。

第四步 ☞ 比较复制品和原作。

第五步 ☞ 检查是否有放置错误或者概念遗漏。

- 不要为细节与次级概念的相对位置和原图相比不准确而纠结。真正要紧的是这些细节是不是和概念建立了正确的从属关系。

第六步 ☞ 修改图中的错误并复制。

第七步 ☞ 花半分钟时间研究原图。

第八步 ☞ 重复步骤 2～7，直到你能正确复制。

- 如果不尝试彻底重画一遍，只是按照第六步修正错误，那么当你再次复制这个图时（在考试中），你将会犯同样的错误。

知识结构图之"思维导图"

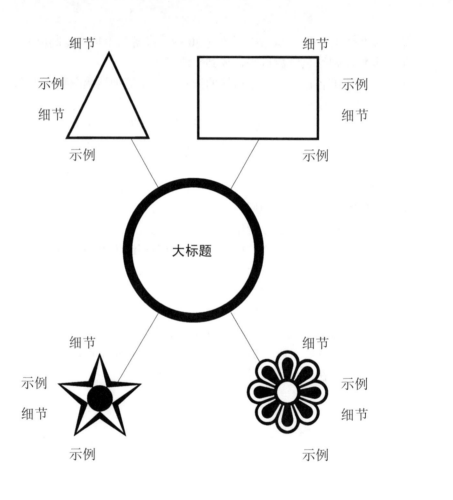

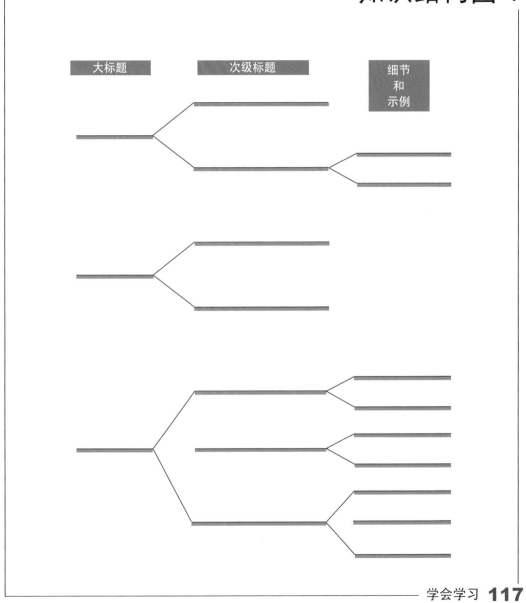

大标题　　　次级标题　　　细节和示例

知识结构图 2

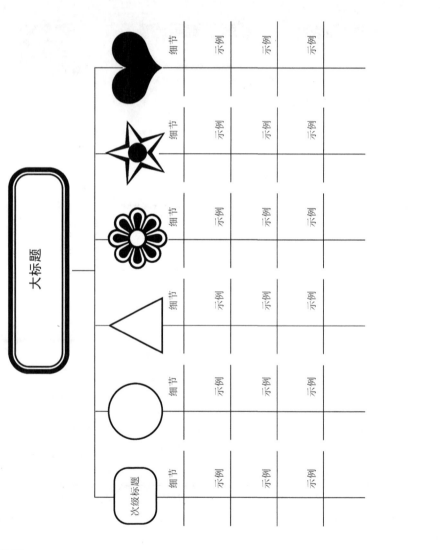

知识结构图 3：循环

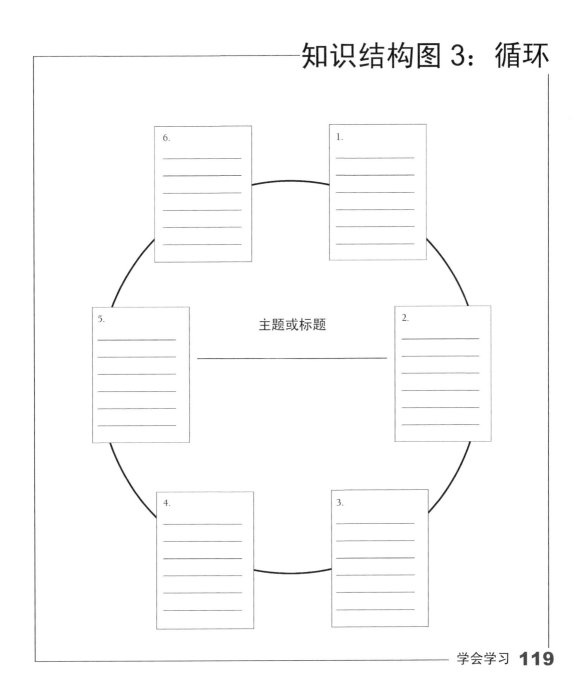

主题或标题

知识结构图 4：共同特征

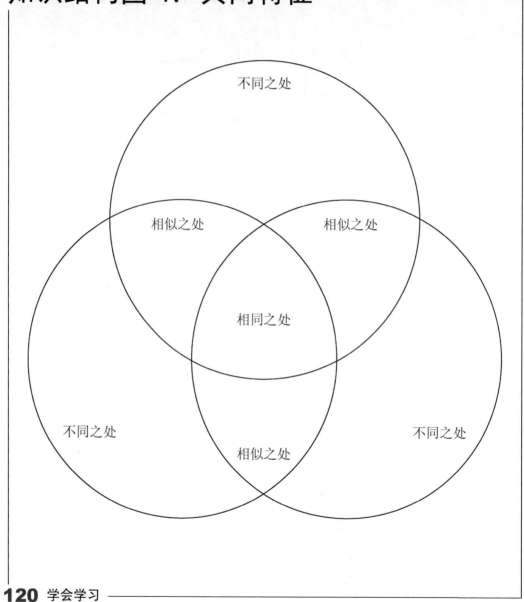

不同之处

相似之处　　　　相似之处

相同之处

不同之处　　　　　　　　　不同之处

相似之处

知识结构图 5：时间线

知识结构图 6：第一类结构树

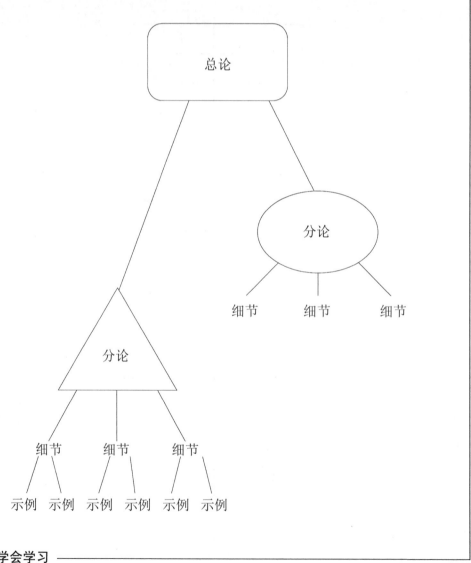

知识结构图 7：传略

早年经历

重要事件

我的感受

个人特质

个人贡献

知识结构图 8：树形轮廓图

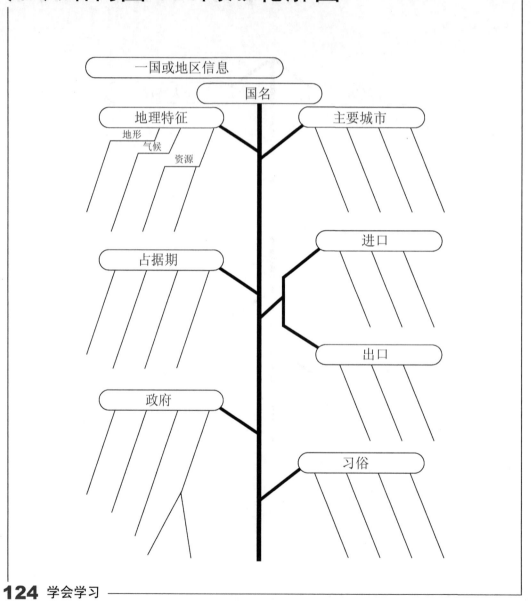

1. 通读学习资料。
2. 完成以下表格。
3. 遮住每行右边的答案，测试自己掌握的信息。

问题	答案
	用自己的话在这里写下答案。
谁	
什么	
怎样	
哪里	
何时	
为何	

笔记卡

一张卡只写一个
概念或者见解

> 关键词　　　　　代码
> 　　　　　　　　（和书、学习表等资料
> 　　　　　　　　建立索引关系）
>
> 　　　　这里写概念
>
> 　　这里写支持性细节

> 关键词　　　　　代码
> 　　　　　　　　（和书、学习表等资料
> 　　　　　　　　建立索引关系）
>
> 　　　　这里写概念
>
> 　　这里写支持性细节

文学笔记方法

3 英寸×5 英寸或 5 英寸×7 英寸笔记卡片

书名：　　　　　　　　　　　　作者：

背景：

人物（每人 3~5 个形容词）：

矛盾冲突：

特殊影响：　　　　　　　　　故事情节：

反应：

书名：　　　　　　　　　　　　作者：

背景：

人物（每人 3~5 个形容词）：

矛盾冲突：

特殊影响：　　　　　　　　　故事情节：

反应：

主题句：

_____

序列法

通用标题：

1.

以下列出细节

特定标题

特定标题

因果法

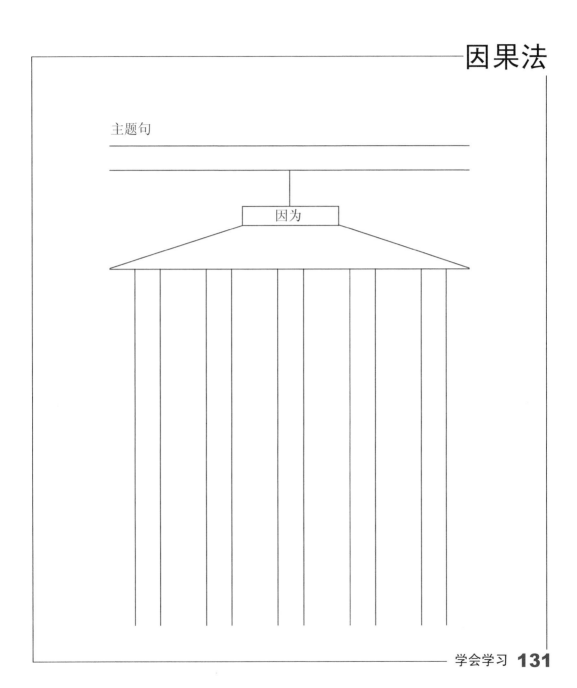

主题句

因为

对比法

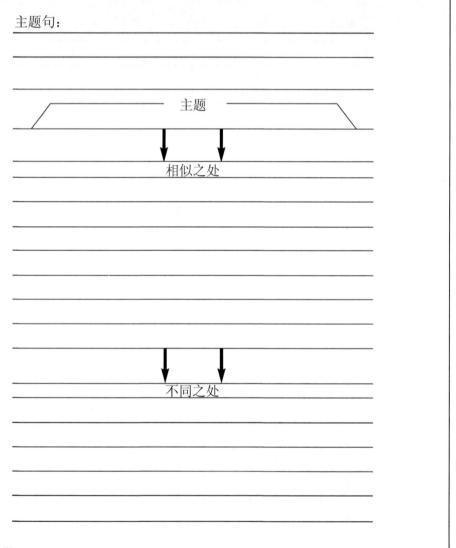

主题句：

主题

相似之处

不同之处

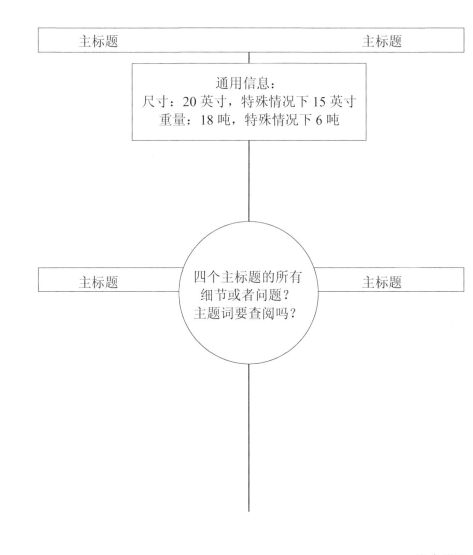

主标题 　　　　　　　　　　　　　　　主标题

通用信息：
尺寸：20 英寸，特殊情况下 15 英寸
重量：18 吨，特殊情况下 6 吨

主标题 　　　　　　　　　　　　　　　主标题

四个主标题的所有
细节或者问题？
主题词要查阅吗？

阅读技巧

1．开始阅读前，确定阅读的目的和阅读进度。

2．努力记住阅读内容并做笔记。

3．使用 SQ3R（浏览、提问、阅读、背诵和复习）。

4．熟悉课本并知道如何运用。

5．学会预测、阐明和总结。

6．读的时候学会发问并在阅读中寻求答案。

7．阅读，然后背诵你读过的内容。

8．讨论你的阅读内容。

9．回想一下阅读开始前你对这个主题已经有所了解的知识内容。

10．在阅读中，留意那些揭示中心思想的"信号句"。

11．别忘了你的学习模式测评结果。

12．选择合适的阅读工具，以发挥自身优势，回避自身弱点。

阅读

　　阅读是获得信息和完成学习任务的基本手段。不管有多少替代手段和理由，不管需要做什么事情，都决不能忽略阅读。学习、运用、熟练掌握专门的技巧，能让你的学习效率更高、效果更好。花点时间来学习怎样阅读，实在是物超所值。这肯定能帮助你在将来的学习生涯中节省下许多宝贵的时间。

　　有非常多的辅助手段可以帮助你提高大脑的阅读能力。预读技巧能让你对阅读对象先有一个概括的了解，能对阅读材料的重要性有所识别，能对你的阅读收获和阅读进度有所估量。灵活的阅读习惯有助于你培养高质量的学习技巧，提高记忆水平。学会如何概览课文；如何扫描并发现"信号词"，领会文章主题；如何推敲理解；如何读懂注释；这些终将有助于你对课文的透彻理解，从而提高考试分数。所以，不妨试试下面给出的这些建议、窍门和方法，相信它们很快就会成为你乐于保持的学习习惯。

　　当你研读这些阅读习惯时，把重点集中在那些和你的学习模式最匹配的"点子"上。

　　对不同学习模式的阅读建议：

视　觉	听　觉	动　觉
• 在脑子里想象一幅画 • 注意到单词的"构件" • 寻找上下文里的线索	• 大声读 • 进行讨论 • 给别人讲解新信息	• 边走边读 • 角色扮演 • 读完每段都做笔记

明确阅读目的

　　做一件事情总是有多种方法，无论是解决一个难题、画好一幅画，还是对理想的结果精益求精。出于不同目标的阅读，也是如此。拿读数学课本和读报纸来做比较，两者之间无论阅读方法还是目的都大相径庭。你不会把读一本如何制作书架的指导手册和读一本小说或者小故事一视同仁。

　　把你的阅读速度、阅读目的和读物性质匹配起来是非常重要的事情。首先，确定你要读的材料属于什么类型。了解它符合以下哪一项：

- 新信息。
- 回顾性的材料或信息。
- 仅供娱乐。
- 虚构类。
- 纪实类。
- 技术类。

其次，确定你阅读这份文字材料的目的：

"我为什么要看这份材料？"

- 为复习备考。
- 为娱乐。
- 为领会主题思想。
- 为稍后的讨论。
- 为有一个大致的了解。

"我的最终目的是什么？"

- 掌握这门学科。
- 理解概念。
- 了解情节和人物。

"我想记住什么内容？"

- 细节。
- 作者的情绪、见解和意图。
- 时间发生的次序。
- 因和果。
- 关系。

当你明确了阅读目的和阅读材料的类型，你就要设定一个合适的阅读速度（参阅第 139 页）。

<u>**总结：**</u>

1. 断定阅读材料的类型。
2. 确定阅读的目的。
3. 设定阅读速度。
4. 开始阅读。

五档不同的阅读速度

阅读速度策略	目的	材料
1. 扫描	1. 大概了解材料主题和作者的想法；对总体结构有个清晰印象；掌握某些具体的信息点，如日期、名字、国家、问题的答案等。不用读所有的文字	1. 字典、表格或名单、报纸、杂志上的文章
2. 略读	2. 了解材料主题，因果；读懂文章大意；清楚大小标题之间的时间次序和相互关系；辨认主题句；查阅斜体字词和短语，为更难的阅读材料的预备阅读。不用全部读完	2. 浅显的印刷品、小说、课文预习、杂志
3. 快速阅读	3. 快速阅读所有的文字，发现具体信息	3. 与第2点类似，但是要读出中心思想和相关细节
4. 慢速阅读	4. 发现所有可用信息，记笔记并在材料上划重点	4. 任何需要把握细节的课本；技术类文章
5. 研读	5. 要了解程序；要遵循步骤严格递进的指导；要对内容进行评价和分析；要写出详细的笔记或者内容梗概	5. 复杂的概念和想法；非虚构、序列性、细节性的报告；诗歌、科学数据或者文本

如何略读

目的

越快越好，选择性地阅读材料以发现特定的信息并概览以了解大意。

何时

- 当你没必要读出细节或者进行深度理解时。
- 当你仅想要或需要预读练习，以熟悉资料时。

为何

- 避免读那么多没用的东西。
- 节省时间。
- 快速取得大致印象。
- 确定你是否需要进一步深读。

怎样做

不要每个字都读，只……

- 读大标题。
- 读次级标题。在每一段发现特定的名字、日期、名单等。
- 对例证、图表瞄一眼就行。
- 时间允许的话，读每一段的第一句和最后一句。
- 读每一段最后的问题。

始终别忘为什么要略读这份资料，你想由此发现什么信息。

　　中心观点能帮助你识别和记住支持性的细节。它们是某一整段或者某一部分的"统领"。中心观点经常出现在第一句话、第一段或者最后一句话、最后一段，但是也可能出现在任何其他位置。

　　当想找到中心观点时：

- 确定这一段的话题是什么——"正在讨论什么问题？"
- 确定对有关概念说了些什么——"作者正在说什么？"
- 构思一段包含上述所有细节的陈述。
- 检查一下，看这段陈述（主旨）是否只包括特定段落的信息。

　　通过考查作者在传递信息、观点或者概念时采取的策略，也有助于确定中心观点。它们是：

　　第一句或者最后一句话——重要的见解往往在开头或者结尾处表达。

　　示例——列举出的具体特性、动作和观点能阐明中心观点。

　　比较/反衬——讲述事物之间有什么相似之处和不同之处。

　　词汇——注意描述性词汇，看它们是怎样来描述一两个概念的；找到斜体字和粗体字表达的内容。

类推——对不同见解、概念或者事物之间的关系进行类比。

移觉——违背单词、词组的本意和描述对象，移用于修饰其他事物，以产生新奇效果。

读出言外之意——意思没有明写，但是已经暗示出来。

列举——把见解都列举出来。

转化——表现出从一种见解到另一种见解的转变。

描写——表现出对象的样貌、声音和感觉。

方法——告诉如何做某事，给出分步骤的指导。

介绍——从提问和给出定义开始，给读者发出信号提示每章节的主题。

总结——那些以"总之"或者"结论是"为开始的句子，经常出现在最后一段。

定义——用来限定、描述、形容、比较、反衬、提示或者用趣事演绎。

信号词

信号词能提示你下面出现的内容、需要关注的重点，以及哪些内容你已经读过。它们可能会以一张表、总结、比较、反衬、细节、中心观点、开头或者结尾等内容来给予提示。

在略读或者浏览时抓住信号词，能让你立即集中注意力，或者提醒你记下下面将要出现的内容。

下面列出的和下页将会出现的是一些信号词和它们的"意义"。利用信号词等上下文提示，将提高你的阅读能力。

继续读——更多内容即将出现

		结论/总结	
和	首先	因而	于是
更加	其次	从而	结果是
再者	第三	最终	总而言之
越发	也	断定	值得注意的是
另外	终于	相应而生的	最后
一些	首先的		
很多	一个显著特征是		
一方面来说	加之		
同样地	接下来		
主要的	另一个		

解释性词汇

例如
举例说明
特别地
以……为例
诸如
以下是

四种类型的上下文线索

1. 定义——最常用（是、意味着……）。
2. 比较——用已知的东西和未知的东西相比较（就像、同样地）。
3. 反衬——用相反的性质来对照（但是、不、虽然……）。
4. 呼应——不同段落之间，内容相互关联。

体现思路转折

然而
无论如何
但是
否则
尽管如此
仍然
不顾
同样的
与此相反
反而
即使

体现因果关系

那是因为
因为
除非
结果是
结果
原因
品质
属性
出于这个原因
如果
因此
其后果是

对比/对照

更多的	比
比较	不过
否则	相对照
不同的是	相似点
相似	相似的
相仿	

体现重要性

更好的	最好的
最	好
最不重要的	重要的
最重要的是	主要因素
首先	较少的
最差	差
重要的	较小的
所有的	一些
很少	

下定义

被称为
是
一样的是
意味着
被归作
定义为
意味着一样
与同义

概览课文

许多课程要求你在教材上花费大量时间，所以提前花点时间来熟悉你的新教材（不论是书本形式还是其他形式）十分有必要。先整体浏览一遍，再审读各个组成部分，可以跳过一些章节，但要注意那些重复出现的特征。问自己下面列出的问题。你这么做就是笨鸟先飞，等正式开始学时，自然能轻松上手。

题目和目的

- 课文的总体目的是什么？
- 作者希望你从课文中学到什么知识？
- 课文涉及的范围广博（或局限）程度如何？
- 从课文的标题和小标题中能得到什么信息？
- 这些材料面对的读者对象是谁？
- 读者有没有介绍课文的目的？

学习材料的创作

- 谁是材料的作者？一个作者，还是数个作者？
- 材料作者的资历如何？
- 在资料中作者有没有在某部分直接向读者介绍这本书或者书的写作背景？
- 课文是什么时候写成的？
- 课文的历史对你如何使用它有什么影响？

课文的结构

- 课文内容是如何组织的？
- 课文的主干和枝干各是什么？
- 课文的主要或者次要部分是按什么线索组织的？主题、年代、时期，还是其他线索？
- 有没有某些特色内容或者片段在某些章节、单元或者部分重复出现？
- 从目录中你还得到了哪些信息？

特征

- 除了主要组成部分之外，你还注意到哪些部分？哪些特色内容你注意到了（如，前言、导语、词汇表、参考书目或者附录）？
- 在主要部分中，哪些特征重复出现（如，每章的开篇引言、一系列回顾性问题、词汇表、时间轴、照片）？
- 课文是否配有插图或者图表？如果有，那它们是如何来强化内容的？
- 关键论点是如何来突出表现的？
- 是不是每部分都采取小结或者其他途径来帮助读者回顾主要中心论点？
- 课文如何介绍和突出新的词汇？

课文使用

- 在课堂上课文是如何使用的（如，是不是作为主要内容来源，是不是作业练习的来源，作为一本参考书或者仅作为一本补充读物）？
- 课文和你的阅读能力符合吗？
- 课文具备的哪些特色有助于你学好这些教学内容？
- 课文对你提出了哪些挑战？
- 要用好课文，你还需要进行什么样的能力练习？

强力阅读

　　运用一些形式各异的强力阅读策略，你的"脑力"能够得到显著提高。如果你的大脑能像一台调节好的机器一样，按照预热、加速、匀速行驶、冷却这样一系列步骤有条不紊地工作，那么学习效率和成绩都会大大提高。

　　当你能坚持采取行之有效的方法学习，你的大脑就会习惯于这种特定的学习模式；如此，投入的学习时间就能收到更大成效。成功的学习习惯，比如强力阅读，进入长期稳定的状态后，需要投入的学习时间和精力更少，学习效果却会更优质。另外，对学习成果的记忆也更加持久。

　　用连续三周时间试用下面提供的强力阅读策略，看看能不能真的有所改变！

强力阅读系统

第一步：热身

学习用品准备

- 纸张。
- 铅笔。
- 笔记。
- 词典。
- 课文。
- 3 英寸×5 英寸提示卡。

学习环境准备

- 安静之地。
- 良好的光线。
- 舒适的座椅。

收心敛神

- 边读边记。
- 消除杂念。

重读作业要求，搞清问题

- 清脑养神。
- 确定阅读目的。
- 一心一意争取实现期待的阅读目的和结果。
- 把整个复杂的阅读作业分解成合适的"部分"。
  - ▲ 使用纸夹或橡皮筋来分好各个部分材料。
  - ▲ 思考学习材料的大小标题。
  - ▲ 使用你作业表上的"预估时间"栏（参阅第 41 页，使用每日作业提示表）来评估需要的作业时间，再加上做笔记需要的时间。

概观学习资料

- 使用 SQ3R 体系（参阅第 152～155 页）。
- 回想一下你已经知道的内容。
  - ▲ 课堂上所学内容和课文中概念的关系。
  - ▲ 课文中出现而课堂上没有涉及的内容。
  - ▲ 主要论题。
  - ▲ 强调的概念。
- 辨别重点，发现中心论点。

第二步：延伸你的想像力

在阅读时尽情展开想像。

在脑子中形成问题，

在阅读中寻找答案。

不断地把读到的概念、见解和信息与你已经知道的知识联系起来。

读完几个段落后：

- 合上书本。
- 靠记忆背出刚读过的内容。

通过把所学内容和自己的情绪、经历和观点联系提来，达到掌握材料内容的目的。

第三步：斟酌你的速度

按照你的阅读目的设定阅读速度。

- 回顾五档不同的阅读速度（第 139 页）。
- 回顾是什么妨碍了你，如何改进（第 158 页）。
- 投入地阅读，一开始就确立目标。
- 对单词和词组按意群阅读比逐字逐句地阅读效果更好、效率更高。
- 遇到不熟悉的字词时，要继续读下去。
  - ▲ 这时查字典，会影响阅读速度。
  - ▲ 这时查字典，会打断思路。
  - ▲ 运用上下文推理，你能猜出意思。
- 这段读完后，再查词。
  - ▲ 标记生词并写在卡片上。
  - ▲ 写下简短的注释。

每个阅读单元，聚精会神读 30～45 分钟后，拿出 10～15 分钟活动身体，恢复精力。

第四步：全力狂奔

伸伸懒腰、散散步，给自己的"思考力"蓄能。

当你的思想难以集中时：

- 在一张便签纸上画个勾
  - ▲ 这能帮助你再次集中精力思考。
  - ▲ 争取下一阅读单元少画勾。
- 阅读时在脑中同步想象出相关画面。
- 用指尖滑过标题，"牵住"注意力。
- 如果可能，当略读和浏览时可以自言自语。

在阅读时：

- 先读简单的或者喜欢的材料，然后读难度大的材料。
- 如果你的目的是记下笔记，参阅第 152 页的 SQ3R。
  - ▲ 选择并坚持使用一种记笔记的方法。
  - ▲ 把与同一话题相关的几个"信息群"一起读完，然后快速复读一遍，再记下笔记。

记下完整的笔记（但只记必要的）并包括以下内容：

- 专题词汇及注释。
- 斜体字印刷的单词和短语。
- 重要的名称、数据和地点。
- 因和果。
- 概念之间的关系。

- 列举出来的项目。
- 段落标题、小标题以及重要的支持性细节。
- 表格、图表中的重要信息。
- 能对你的听课笔记加以补充完善的内容。

创建思维导图。

- 当阅读时，把新的学习内容持续添加到图中。
- 积极梳理自己对作业内容的理解思路。

用自创的系统来标注读过的各种概念（按段落）。

- 自创一套代码来对各种论点进行识别和归类。因为绝大多数书本都不能填写，所以还是要用到各种颜色的便利贴，或者用电子阅读器的上色块标注功能。
  - ▲ 绿色或者字母 U=理解。
  - ▲ 黄色或者字母 C=迷惑。
  - ▲ 红色或者字母 D=不理解。

第五步：舒缓回顾

静坐放松两分钟，

然后大声背诵材料的中心观点。

用一种记忆技巧法记忆法，与家庭成员或朋友分享你刚掌握的知识观点。

构建。

- 学习单。
- 3 英寸×5 英寸的学习卡片。
- 知识结构图（思维导图）。

SQ3R（浏览-问题-阅读-背诵-复习）

有一些非常有效的学习方法适用于帮助你完成课文阅读作业。这些重要的学习方法既能让你对学习内容有一个宏观把握，也能让你集中精力于实现当下的学习目的；从长远看，能帮助你节省学习时间。

从一开始就能抓住中心观点和主要概念会让你受益良多。预读练习（比如"浏览"和"问题"）以及读后练习（如"背诵"和"回顾"）能有效提高阅读速度和理解效率。应用"强力阅读"法后，识别、理解和运用中心观点和支持性材料的都会变得容易。而且，这种系统化方法也十分有利于对信息的记忆。

常态化地运用"攻坚计划"或者其他学习方法，是成功学习的重要保证。

SQ3R 最初由法朗西斯·P·罗宾森开发。现在，作为阅读课文的最好方法体系，它已经得到了广泛深入的研究、验证和运用。第一次使用这套方法有一点费时间。不过，当你坚持运用下去，你就会发现这是提高脑力最有效率、最出效果的方法。

改进过的 SQ3R（浏览-问题-阅读-背诵-复习）

浏览（Survey）

- 回想阅读作业的题目要求。
- 阅读大标题。
  - 找出大字体、大写、彩色显示、粗体和斜体字部分的内容。
  - 问问自己，"对这些，我已经知道了多少？"
  - 问问自己，"这些内容之间是如何互相联系的？"
- 阅读下级标题。
  - 找出小字体、标下画线、斜体、大写的和出现在边角的内容。
  - 问问自己，"对这些，我已经知道了多少？"
  - 问问自己，"这些内容之间是如何互相联系的？"
- 注意以斜体、粗体、彩印和下划线形式出现的专题词汇。
- 略读注释、图表、表格、图画、示意图、列举的内容。
- 确定整体材料的大致观点。
- 读一下单元和章节后的问题，以便带着寻找问题答案的目的阅读。
- 读一下每单元和章节后的总结性信息。

问题（Question）

- 把用粗体字印出的大小标题的内容都改编成问题（用谁、什么、何时、哪里或者为什么）。
- 完成阅读作业后，把未能回答出的问题带到课堂上。

阅读（Read）

- 积极阅读，沉浸其中。
- 坚持大声朗读（短故事、小说等文体除外）。
- 一次读一段，把重点放在理解上，努力找到：
  - 大标题。
  - 小标题。
  - 示例和细节。
- 如果比较重要，要注意到线索和顺序。
- 读的过程中，努力使内容在脑海中形象化，身临其境的阅读。

背诵（Recite）

- 每段读完后，回想并大声复述一下主要观点。
- 当记笔记的时候，要自言自语（参阅第 93 页，预习笔记）。
- 用线索短语来提示记忆。
- 用手捂住笔记，争取把这段笔记背下来。
- 当针对这段内容中的新词汇做学习卡片时，要大声朗读（参阅第 104 页，学习卡片的魔力）。
- 继续读下一段，重复以上步骤。
- 问自己，"这些大标题、次级标题、细节、示例是如何相互联系和配合的？"

复习（Review）

- 浏览预习笔记。
- 再读每一单元、章节后面的问题，看自己能否完全回答出来？
- 在只靠关键词提示的情况下，看自己凭记忆能大声背出多少小标题以及相关的示例和细节（参阅第 91 页，示例：笔记表）。
- 问自己学得或复习得好的问题（参阅第 253 页，思考——散金碎银）。
- 晚上睡觉前复习学习卡片。
- 制作学习表（参阅第 109 页，构建学习表：舍与留系统）。
- 制作知识结构图（参阅第 111 页，创建知识结构图）。

SQ3R 表

　　用这张表格来监控自己的 SQ3R 实践。要坚持使用，直到养成习惯。每次当你用这张表的时候，你都会发现用的时间比上一次少了。试一试，你肯定不会后悔的。

作 业 ✔✔✔✔	完成耗时 到期时间 课程	完成耗时 到期时间 课程	完成耗时 到期时间 课程	完成耗时 到期时间 课程	完成耗时 到期时间 课程	完成耗时 到期时间 课程	完成耗时 到期时间 课程	完成耗时 到期时间 课程	完成耗时 到期时间 课程	完成耗时 到期时间 课程
浏览										
问题										
阅读										
背诵										
复习										

重要的理解技巧

回答以下问题，测验自己是否已经理解了阅读作业。

理解——一份总结；理解和获取知识的能力。

1. 我能否很好地理解材料信息？
2. 我能否用自己的语言整理归纳信息，并给出适当的标题？
3. 我的阅读速度和阅读目的匹配吗？
4. 材料的中心观点是什么？我能否找到一段由细节材料支持的综述文字？
5. 我能背诵出一些细节吗？它们和整体内容搭配的是否完美？
6. 我还有不明白的地方吗？
7. 我能识别和确定专题词汇在上下文环境中的意思吗？
8. 从已知的信息中，我能总结出什么结论？这和我正在读的内容关系如何？
9. 我能理解事件发生的次序吗？一个概念是怎样建立在另外一个概念的基础上的？
10. 在现有事实的基础上，我能有所推论吗？
11. 我能预测出结果吗？
12. 我能识别出作者想要传达的语气吗？
13. 每段读完后，我是否进行了书面的小结。
14. 我能不能把这段材料讲解给别的同学？

学会按照一定步骤阅读图形化的说明材料，如图示、图例、表格、列表等。要记住，图示的目的在于体现比较、对比、变化、趋势、结构或者说明。

如何理解图形

- 阅读大小标题。
  - 有助于把精力集中在阅读目标上。
  - 对信息有概括了解。
- 阅读各方面有指导性的词和词组。
  - 解释和介绍专题词汇。
  - 提供指导和说明。
  - 告诉你这个图形使用的是什么单位（时间单位、货币单位、数学单位等）。

- 阅读图表注释。
  - 了解细节和关系信息。
  - 了解代码（数列、颜色、符号）。
  - 了解全面的概念。
- 得出结论。
  - 预测模式。
  - 分析相互关系。
  - 记下是什么因素导致了变化、增加或者减少。
  - 在图上预测下步走势。
  - 研究每一部分如何匹配总体。

图表的类型

- 关系图是使用图像、符号、线段和标签来表示各部分的相对位置以及它们如何相互关联构成整体。
  - 线性示意图使用标签、箭头、直线、符号和图像来表现事物如何存在和发展。
  - 图像示意图使用图形（横截面或者剖面）、标签来表现各自的位置以及它们如何配合构成整体。
- 信息图通过图像来传达、展示信息。
  - 条形图是用圆柱来表述事物之间直观的数量比较。
  - 折线图用折线来呈现事物的变化。
  - 饼图是用圆圈和扇形区来表示部分和整体之间的关系。
- 地图展现各部分相对于整体的位置和关系。
  - 种类繁多：各州公路地图、公交线路图、区域图、气象图、行政疆界图。
- 表格通过文字、名称和数字展示各部分如何互相联系构成整体等。
  - 种类繁多：日程表、里程表、统计表。

是什么妨碍了你，如何改进

阅读质量不高的原因		有帮助的对策
1. 目的不明。	→	1. 建立"通过阅读学习"的强烈意愿。
		• 使用第 152 页的 SQ3R 方法。
		• 参阅 137 页，明确阅读目的。
2. 阅读速度不合适。	→	2. 按照你的阅读目的，灵活确定合适的阅读速度。
		• 参阅第 139 页，五档不同的阅读速度。
3. 视力不佳。	→	3. 去看眼科医生。
4. 眼睛疲劳干涩。	→	4. 去看眼科医生。
		• 把台灯置于阅读材料之上，视线以下的位置。
		• 亮度调整合适。
		• 定时休息，缓解视觉疲劳。
		• 清洗眼镜或者隐形眼镜。
		• 站起来散散步。
		• 头不要太低。
		• 把书竖起来成 45 度角，与眼睛保持适当距离。
5. 读书磨蹭，翻来覆去。	→	5. 训练你的目光按一定的速度和节奏，匀速、平滑地向前推进。如果有必要的话，可以在短时间内用你的手指或者 3 英寸×5 英寸卡片提示自己坚持往下阅读。在一开始就明确阅读目的。要读的是以下哪一项：
		• 大标题。
		• 小标题。
		• 细节、示例。

阅读质量不高的原因	有帮助的对策

6. 不恰当的目光移动（漏看字词或短语、跳行、看串行）。 ➡️ 6. 使用手指头、尺子或者 3 英寸×5 英寸的卡片帮助你的目光循序而行。别让这个方法成为习惯，仅仅用它来帮你养成正确的目光移动模式。

7. 逐字逐句读（太慢）。 ➡️ 7. 训练你的眼睛按短语读而不是按字读：

- 慢慢开始把自己的"视野"扩大到覆盖一组词。
- 有意识地努力加快阅读速度。
- 持续坚持扩大"视野"的覆盖范围。
- 努力使自己的目光移动平稳、有节奏，不要忽快忽慢。
- 依据时钟的滴答声来帮助你定速。

阅读质量不高的原因	有帮助的对策

8. 注意力不集中（白日梦）。

8. 把你每次能静心持续阅读的时间记下来，并且努力每次都比上次有所进步。要对自己抱有信心。当你发现自己要走神，就在一张纸上画个勾，提醒自己集中注意力。争取每次阅读时，画下来的勾，越来越少。

9. 缺乏自信。

9. 不要再觉得自己就是个蜗牛一样的读书笨人。知晓并相信一定有许多方法能帮助自己改善提高。对自己有点耐心。把阅读变成一个自然的习惯。切记随着不断练习，阅读将更加容易并充满乐趣。在阅读新的材料之前，努力激活调动自己对这个题目已经积累起的认知。相信完成这个阅读作业后，自己一定会学到一些重要的知识。

阅读质量不高的原因		有帮助的对策

10. 姿势不对。　　　→　　　10. 身体坐直；脊柱保持垂直或者稍微前倾。避免脖子弯曲，头太向前探。除非因需要刻意地完成一项任务而把书本平放，（比如在作业本上解题），要让书本保持在 90 度到 180 度之间，并举到眼睛的高度。坐一把能让自己保持良好坐姿，又坐着舒服的椅子，不要弯腰驼背。过段时间就站起来休息一下，把腰背、脖子、胳膊、肩膀、手腕、指头都活动一下。

11. 阅读时习惯转头，而　　　→　　　11. 手捧下巴，胳膊肘支在桌上，这样头一转，你就
　　不是移动视线。　　　　　　　　能感觉到。这能提醒你有意识地进行纠正。

有效阅读的提示

1. 阅读前有明确的目标。

2. 努力把读的东西记住。

3. 不需要读的东西果断略过。

4. 要把论点读出来，读每一个段落时，都要坚持记笔记。

5. 重点读论点和内容，而不是读字词。

6. 认真读每一段的第一句话和最后一句，把握材料的中心论点及总结陈述。

7. 带着问题去阅读，努力在阅读中找到答案。

8. 探究作者的写作意图。

9. 对如何阅读这类主题的材料做出计划。

10. 首先把每章节、部分末尾提出的问题了解一下。这些问题经常反映或提示了阅读材料的中心观点。

你是否知道……

- 阅读完一次以后，一般的学生会忘掉 80%的阅读内容。

- 研究显示，用 25%的时间阅读，用 75%的时间来背诵已阅内容的学生，比用 100%的时间阅读的学生，记住的内容多得多。

尝试一下这些建议：

- 再读一次，读完后，把每句话都用自己的语言复述出来。
- 换下环境，起来走几步，让身心活跃起来。
- 试着在头脑中把读到的概念和信息形象化，用心体会。
- 为了把这一段消化理解透，一次只读一句，慢慢消化。
- 为了把这个阅读作业消化理解透，要理解好一段再开始下一段，步步为营。
- 建立一个学习小组。
- 大声读，如果能在镜子前读更好。
- 降低阅读速度。
- 每段读完了，通过记录或者背诵总结一下。
- 和家人或者朋友讨论一下学习资料的内容。
- 放下书本，半小时以后再回来。
- 向老师或者图书馆求助，也可以让父母考虑给自己找个家教。
- 装作自己已经搞懂了，试着讲给别人听。
- 在图书馆找些与题目相关的参考资料。

记忆

1. 把任何你正努力记忆的东西和你已经知道的东西联系起来。
2. 在学的时候就努力去记住。
3. 使用适合你的记忆法。
4. 颜色、形状、位置和图像对强化记忆很重要。
5. 超越短期记忆，学会长久记忆。
6. 梳理你的记忆方法。
7. 聪明记忆——顺应你的记忆习惯而不是反着来。
8. 把记忆当成一种习惯。
9. 为了更好地记忆，对信息进行阐明、分类、梳理、回顾。
10. 把大块材料分解成小的任务单元，每天复习。
11. 别忘了自己的学习模式测试结果。

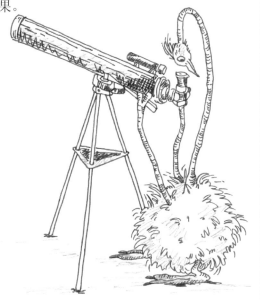

你的记忆力

你的大脑生来就能记忆。如果不是受到某种伤害，它会终生运转良好，不会忘记任何事情。当我们谈到"忘记"，实际是我们因为记忆受阻或者信息错位而难以回忆起来。

对我们视为重要的事情或者概念，我们更容易记住，这是一个自然的倾向。只有对那些我们内心想要记住的，与我们的优先关注点和个人经历相关的见解和信息，我们才会给予更多关注。

有很多技巧、策略、记忆法、妙招能让你记住并能回忆起任何事情。首先你必须有记住和掌握某种信息的愿望，然后设定一个实事求是的目标。实现了这个目标，你就提升了自己的记忆力。不要浪费时间找借口或者自责。还是把时间利用起来，开始改善自己的记忆力吧。

当你研究这些记忆技巧时，把精力集中在那些与你学习机制最契合的方法上：视觉、听觉、动觉。

视觉	听觉	动觉
• 使用学习卡片 • 使用音响设备 • 靠记忆画知识结构图	• 制作使用录音带 • 当复习时，大声朗读 • 把信息和音乐结合起来记忆，也可以以词汇为纽带记忆	• 动手做 • 对新信息全神贯注 • 在镜子前观察嘴唇运动

记忆的类型

是什么在影响记忆

- 你怎样接收、储存和检索信息。
- 信息呈现的语境。
- 你的记忆动机。
- 你的精神紧张程度。

记忆涉及的基本流程

编码——为储存信息做准备的过程。

储存——保存信息以备将来调用（记忆）。

检索——把信息从储存状态调取出来（持续的过程）。

六种记忆类型

1. 感官记忆：转瞬即逝的印象主要包括以下五种感觉：

- 味觉。
- 声觉。
- 嗅觉。
- 触觉。
- 视觉。

2. 运动技能记忆：主要涉及身体运动。

- 骑自行车的技能。
- 游泳技能。

3. 言语记忆：经常涉及到语言。

- 与词汇的意义和数学符号相关。

4. 形象记忆：记住视觉信息。

- 图像记忆。
- 经常只持续短暂时间。

记忆的
类型

5. 短期记忆：对选择性对象的临时记忆；任何存在于特定时间点的思想和感受。

- 在一周内拼读过的单词。
- 流行歌曲的旋律。
- 牌照号码。
- 为应考死记硬背的内容。

6. 长期记忆：经常是永久记忆的大量素材；能力不受限，时间不受限。

- 你的名字、地址等。
- 使阅读成为可能的解码能力。
- 生日。
- 外语。

在长期记忆中恢复信息的重要因素

- 你的记忆意愿如何。
- 这则信息对你的意义大小。
- 这则信息是如何组织的。
- 这则信息是否容易和以前的知识联系起来。
- 学习的时间单元是如何分割的（例如，你是一次学完，还是在数周或数天内分次学完）。
- 如果五种感觉结合到一起，需要使用什么记忆技巧。

关于记忆的一些事实

1．学习不止。要忘掉什么事情，你首先要把它学到手，你不可能忘记你根本没学过或者不理解的事情。

2．在短时间内，人脑能记住互不关联的 5～7 个说法。

3．要学会成功记忆和保持信息，需要经过每天 15～20 分钟，持续数天的练习。

4．西格蒙德·弗洛伊德，一个奥地利医生，他对大脑如何工作给出了革命性的论断：动机、愿望和情绪在"脑力"中扮演了重要角色。

5．除非受到疾病、外伤的影响或者死亡，大脑不会忘掉任何事情。我们只是对重新检索出这些信息无能为力而已。

6．对刚刚读过的东西，普通成年人只能记到 50%。24 小时以后，能回忆起的只剩下 20%。应对之策就是赶快复习，经常复习。

7．大多数人用右脑处理视觉信息，左脑处理语言信息。如果在记忆一则信息时，同时根据此信息设想一幅画面，那么两个半脑就被同时调动起来。这能提高回忆起的机会。

8．至少全部学习时间的 40%要用来对新获取的信息进行复习。

9．成年人保持注意力的平均时间是 10～30 分钟。

10．我们在获得新信息初期很容易遗忘（如果既不复习也不练习），但随后，遗忘速度就会放慢。

11. 大脑研究揭示，信息或者思想在记忆中会形成各自的路径。这些前后一致的路径被称为"神经反射弧"。随着不断回忆和运用这些信息，这些神经路径也不断加深。这样相关信息的回忆就更方便快捷了。

12. 有效的记忆就是在正确的时间，回忆起正确信息的能力。

13. 你的大脑记忆：

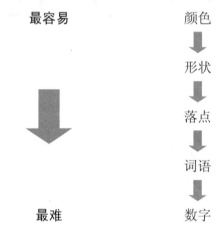

最容易	颜色
	形状
	落点
	词语
最难	数字

14. 有效的记忆能够：

- 提高你的适应能力和创造能力。
- 发现新信息和已经掌握的信息之间的关系。
- 用进废退。
- 是学习好的必要条件。

15. 绝大多数人把曾经记过的99%以上的电话号码和90%以上的人名都忘记了。

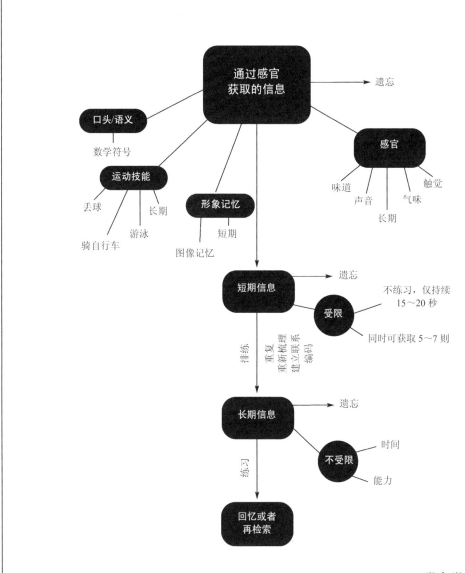

记忆陷阱

记忆陷阱是指阻碍你回忆起记忆内容的任何因素。

我们为什么会遗忘？

- 缺乏记住的意愿。
- 错误的回忆体系。
- 没听明白。
- 不专心。
- 这个回忆让人痛苦、窘迫。
- 没做好准备。
- 劳累。
- 数据在记忆中放置错位。
- 恐惧。
- 对信息要求太苛求。
- 轻率得出结论。
- 身体姿势紧张、不舒服。
- 外界分心。
- 烦躁。
- 不喜欢这个人或者对其讲话没兴趣。
- 不理解。
- 心理有压力、紧张。

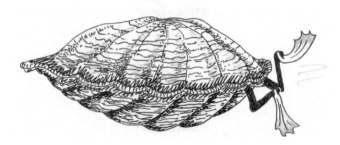

意愿要强烈

- 不要沉溺于借口之中。参阅第 33 页，打消借口。
- 成为活跃的学习者，培养自己的兴趣
  - 与他人交谈。
  - 借助外力。
  - 批判性地阅读。
  - 预测结果或者事件演变的次序。
  - 与现有知识建立联系。
  - 看到事物之间的联系。
  - 把新学到的知识和以前的学习的知识联系起来。
  - 看到的东西要入心入脑。
- 态度要正面积极。
  - 你的厌倦情绪根源在自身。
  - 积极的态度能激活你的记忆。
  - 告诉自己："我就是要记住！"
  - 刚开始学可能会令人沮丧。对自己和学习材料都有点耐心。
- 通过向自己发问集中注意力：
  - "我怎样才能记住？"
  - "实践证明有效的记忆技巧和方法是哪些？"
  - "对这些内容我能记住些什么？"
  - "这些材料的重要性何在？"
  - "我将如何运用所学信息？"
- 利用好自己的记忆力，而不是逆势而为。
  - 放松身心，以利回忆。
  - 告别越急越想不起来的恶性循环。
    - ▲ 试着想想受阻信息的相关信息。
    - ▲ 在脑海中设想情景画面。

梳理

- 把学习材料理解透。
- 对总任务进行分解，定好一次记忆多少。
- 选择记忆策略（记忆法）。
- 把学习材料归类成有意义的单元。
- 把学习材料和以前学过的材料联系起来。
- 按从一般到具体的原则进行学习。

建立学习和记忆的目标

- 把正在学习的信息和你的需要、目标联系起来，这就赋予其意义了。
- 一切从实际出发。
- 努力把所学知识应用于生活，争取能够运用自如。

安排好学习时间

- 最好把学习分成几个时间段进行，以提高记忆效果。记住经常复习。
- 把最难啃的材料，安排在学习效率最高的时间段。

更加聚精会神

- 考虑对下列因素进行检查改善，以避免走神的情况发生。
    - 你学习的地点。
    - 你学习的时间。
    - 你的身体状况。
    - 背景噪音。
- 通过如下方法集中精力：
    - 制订明确目标。
    - 给自己定时。
    - 培养兴趣。
    - 换一种学习方法或者换一个新的科目或材料的学习难点。
    - 当努力回忆、检索信息时，选一个自己感兴趣的特殊点盯着（手表、项链、指头等），以防眼光游移，干扰思考。
    - 列一张"干扰"清单。
        - ▲ 把让你分心的事都列进去。
        - ▲ 不断努力让单子"瘦身"。
    - 持续一贯地适当鼓励自己。

回顾复习

当回顾复习时

- 课后及时复习，以强化短期记忆。
- 晚上睡觉前再复习一遍（用下意识来继续处理信息，以帮助形成长期记忆）。
- 在 24 小时之内修订、复习笔记内容。
- 此后每天复习 10 分钟。
- 在 30 天内，除了每天 10 分钟的复习之外，临睡前再复习一下。
- 经常自测一下自己的掌握情况，努力把前面学过的知识和现在的学习内容联系起来。

把记住的内容用起来

- 信息运用。
    - 不断把新学内容和已经掌握的内容结合起来，温故知新。
    - 如果新学的知识有些部分想不起来，可以调动记忆中与此相关的信息来帮助启发、联想，消除记忆障碍。

学到滚瓜烂熟

- 即使感觉自己已经掌握了学习内容，还是要坚持适当复习。
- 和同学结对子，在班上找个同学，和他一起学习讨论，互帮学习。

奖励自己

- 祝贺自己干得漂亮。
- 学会信任自己的记忆力——这是你最珍贵的资源。

把记忆培养成习惯……

坚持练习！

记忆术：知行合一

记忆术是一种强化记忆的辅助方法，它采取系统的方法对明显互不相干的一组事实信息进行编组整理，以方便记忆。

为什么要使用记忆法？

- 为能记住和回忆起几乎任何信息提供必要的工具。
- 提供对学习内容进行及时加工处理的切实步骤，以避免遗忘。
- 让知识信息记忆内化的过程轻松愉快。

使用记忆法

在积极学习的过程中需要把各种感觉器官都调动起来，在必要的时候，各器官还要同心协力完成任务。

- 动起来。
  - 有必要时要口头背诵。
  - 用笔写几次。
  - 如果你想背诵、阅读的时候氛围悠闲轻松一些，可以同时来回踱步。
  - 如果你觉得有帮助，也可以在学习时配上手势和表情，以调动自己的学习情绪。
- 视觉化。
  - 在脑海中形成清晰的图画。
  - 头脑对画面的记忆比对文字的记忆更容易，也更持久。
  - 想象自己正在从事某项活动的画面。

- 温故而知新。
  - 问自己对此已经有哪些了解。
  - 把相关的材料集中整理在一起。
  - 当脑子"卡壳"时，检索一下脑海中那些相似的、相关的资料（相当于在脑海中"过筛子"）。
  - 把每个知识点都和一个实体的事物联系起来。例如：把某一项和你身上穿的每件衣服联系起来。当每次穿衣时，也把相关的知识点大声过一遍。参阅第 64 页，学前热身。

记忆宝典

- 对要学的材料采用与之最匹配、最有效的记忆技巧和记忆法。
- 只要有可能，就把各种记忆技巧结合起来使用（使长期记忆的机会成倍增加）。
- 坚持边写边读。
- 使用 3 英寸×5 英寸的学习卡片。
  - 一张卡片只写一个条目。
  - 把卡片放置在镜子、通知栏、柜子的左上角。
  - 在考试中，当你想不起来时，用大写字母把字母表写在一张纸上，然后系统地挨个回顾琢磨，以激活记忆。问自己，"是以这个字母开头吗？"如果不是这个，那就再往下走，一个字母一个推敲联想。

记忆术/改善记忆力的方法

策　略	定　义	例　子
思维导图	根据已知的知识，整理思维导图，然后把缺失的知识点补充上去（细节、中心观点、类别、部分、图表标签等）	政府 总统　国会　最高法院 林肯　参议院　众议院　切斯
形象链	把你想记忆的内容做成一个形象化的图片和词语环（因果、联系体系、顺序）	
首字母缩略	把你想记忆的条目（词或者短语）列出来。如果可能的话，把这些词的首字母拼成一个你能回忆起的词	h o m e s（荷马） u n i r u r t c i p o a h e e n r i r i g i n r
词语联想	把一个词的意思和另外一个词的意思联系起来（下定义、配对）	俄勒冈的首府是赛伦（salem），（联想：有许多帆船在俄勒冈，因为那里靠海。拿这些帆船怎么办哪？让它们航行——sail'em）
诗歌、韵文、顺口溜、歌词	用熟悉的曲调，换上新词——要学的信息（细节、排序）	"玛丽有只小绵羊" "ABC 歌" "1942，哥伦布航行在蔚蓝海洋"

策　略	定　义	例　子
室内旅行	把房间里熟悉的物品想象成要记忆的概念等，在每件物品上都贴上相应的信息词语	 梳妆台　桌子　书籍 床
藏头诗	用每个单词（序列、列表）的第一个字母组成一个句子	Fine Does Boy Good Every （音节）
睹物思词	围绕熟悉的物体，把相关的信息（表格、细节）联系起来	为了记住位置介词，画一个猫和一只盒子。思索猫的动作以及与盒子的相对位置（上边—above，边上—beside，里面—inside，旁边—around，没了—without，等等）
小猫钓鱼	使用一个词或者字符串，把以词或字符串中某个字母开头的信息（细节、类别、部分）都"钓"出来	N　New Mexico（新墨西哥） 　North Carolina（北卡罗来纳） 　Nevada（内华达） A　Alabama（阿拉巴马） 　Alaska（阿拉斯加） 　Arkansas（阿肯色） T　Texas（德克萨斯） 　Tennessee（田纳西）
录音频	把要学习的信息录制音频（词汇、拼读、列表、外语、序列、计划任何信息）	重复播放几天。在睡前听一听
写下来	反复写，边写边读	在睡前写

策　略	定　义	例　子
数字	把需要记忆的数字写下来（数列）	注意到一个特殊数列，把它和熟悉的日期联系起来。 （生日） 2　　　17　　　04 月　　　日　　　年
诗歌	记忆诗歌的最好办法是把它分成小的、有意义的部分（细节、序列）	记住这个故事 练习音步（译者注：英文诗中重读和非重读音节的组合）和节奏
说法	把与一个题目相关的信息和某些熟悉的说法，如谚语或者习语，结合起来。如果需要，也可以替换词汇	把"滚石不生苔"改成"不动的石头生满苔"。把这个现象和惯性定律联系起来（没有外力干预，静止的物体会持续静止）
画面感	把你看到或者期待看到的东西形象化，形成画面（图表）	闭上眼睛，想像对人体骨架从上到下进行 X 光扫描
幻想	在心理上、视觉上，幻想或回忆一段经历，把要学习的信息和你的经历（时序、细节）联系起来	设想你正在制作甜饼，制做书柜等，一步一步来。把要学的信息，都嵌进这些步骤之中

强化记忆的步骤

1. **澄清**——完全弄懂你要学习、记忆的内容。
2. **鼓劲**——对新知识，发自内心地想学、想记，想全神贯注地投入；树立一个坚定自信，切实可行的学习目标；对要记忆的内容有清晰的选择。
3. **分类**——确定学习内容及学习目标；确定选择短期记忆还是长期记忆。
4. **梳理**——对学习内容进行归类，以保证中心观点和相关细节联系紧密；把新知识和现有知识联系起来。
5. **计划**——根据学习内容和学习需要，选择最佳学习策略和技巧。
6. **复习**——反复记忆信息，五种感官的配合运用多多益善，养成习惯。

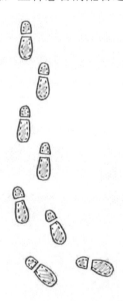

怎样学外语

　　所有的语言都有其共通之处。没有一门语言是彻头彻尾的"外"语。你应该运用尽可能多的学习技巧来学习和记忆你所听、读的内容。学会用这门语言来思考是你的终极目的。这既包括流利的说和读，也要求不能"先想好用汉语怎么说，然后依据汉语翻译成外语。"

　　如果你能长期坚持有系统、有条理地学习，那么掌握一门外语也并非如此令人望而生畏。顺着下边提供的阶梯向成功攀登吧！记住，大声念着学，课后勤复习，卡片不离手（参阅第 104 页，学习卡片的魔力），主动不冲动（不能靠三分钟热情）。

　　确立用外语思考的学习目标，并尝试：

- 听并听懂这门外语。
  - 张嘴说。
  - 熟悉这门语言的模式和结构。
  - 着眼于完整的句子和段落来搞懂其意思，而不是死抠字眼。

对每天的作业都要今日事今日毕。

不厌其烦地反复复习。

<u>清楚自己的长处和短处</u>

（在长处前写 S，在短处前写 W）

____外语阅读。

____听懂口语。

____表达思想。

____词汇学习。

____外语翻译。

____外语写作。

认识常见问题

不掌握语法。

- 不理解语法术语。
- 不理解惯用法。

不及时做作业。

- 词汇（记忆和拼写）。
- 阅读作业。
- 语法学习。

<u>学习进阶</u>

稳扎稳打，循序渐进

- 吃透单词的意思（不同的发音、时态）。
- 学好短语、句子（习语）。
- 掌握好语序（在句子或从句中字词之间的关系）。
- 在语言表达和翻译时，练习使用复合句。
- 用这门语言来思考。

调动各种感觉器官共同参与记忆

想想幼年时，你是怎样全体感官总动员学习第一门语言的。为了学习词汇你有没有对身旁人如何交谈仔细留意？你在说话时有没有主动模仿他们的发音？为了弄明白书上印的字、词、短语、句子，你有没有努力破解那些神秘的符号？你有没有试着用这门语言重写自己的故事？

你肯定这么做过！其实，学习其他的语言也是如此。你完全可以把这些方法用于第二门语言的学习过程。通过再次攀登这样的阶梯，你就能唤醒、重建记忆，使之在这门语言的学习中再显身手。通过坚持不懈的练习，这门语言将不再"姓外"。

耳听

- 问自己这个问题："我第一门语言是怎样学会的？"从而理解，学习外语，听力先行。
- 争取达到可以把听到的内容复述出来的水平。
- 在书中查阅发音指导。
- 努力去听以下内容。
  - 字词发音以及在语流中的变化、搭配。
  - 在短语中字词的意思。
- 运用一切可以利用的听力辅助手段。
  - 使用学校的听力教室。
  - 自己制作音频。
  - 从图书馆和视听中心借阅影像资料。
  - 看外国影视节目。
  - 看电视外语教学节目。
  - 听外国人交谈。

<u>口说</u>

- 只要一有机会，就去说、就去用。
  - 开始时，说得磕磕巴巴，发错音、用错词都十分正常。
  - 养成好习惯，对错误随时纠正。
- 一定要重视背诵。
  - 这个特别重要。
  - 花 80%时间干这个。
  - 练习、练习、再练习。
- 正确学习语法。
  - 为什么要学习语法？
    - ▲ 能让语言显得"有道可循，接近自然"。
    - ▲ 能帮助你缀词成句。
    - ▲ 能帮助你理解别人的言谈和写作。
- 有用的建议。
  - 记下来的零散词汇表，要知道如何用对用好。
  - 常查词典。
  - 把正在背的内容和其实际含义联系起来。
  - 当对一个语法知识点难以理解时，可以请教老师或者查词典。
  - 要记住语法规则的例外，并且在短语和句子中去体会记忆。

阅读

- 努力培养自己熟练的阅读能力。
- 用好课文。
    - 把和阅读作业有关的笔记找出来。
    - 对课本后面所附的资源，如单词表或者小词典要十分熟悉。
- 第一次要把整个作业材料通读下来，但不要翻译出来。
    - 记得运用上下文线索。
- 努力尽早从逐字逐词阅读，进展到整个词组、句子通读。
- 翻译完一段后，马上再重读一遍。
- 把不认识的单词按构词法分解，看看各部分的意思，以推测单词的意思。
    - 掌握一些词根、前缀、后缀。
- 掌握一些"同源"词（就是从同一根词变化、发展而来）。
- 情况允许时，就大声朗读。
    - 听见你自己是怎么读的。
    - 争取表达地更流利，更抑扬顿挫。

写作

- 努力写得更准确、更顺溜。
- 先写短句。
    - 产生某种想法时，把它写出来。
- 注意拼写、语序、词形以及不规则变化。
- 通过朗读对材料进行校正。

应试技巧

聚焦应试技巧

1. 成为考试达人，跻身学霸行列。
2. 正视考试焦虑，化为拼搏能量。
3. 预先计划，从容应考。
4. 组成学习小组，互帮互学。
5. 编辑整理听课笔记、预习笔记和讲义，编成有用的学习表。
6. 考前一定要咨询老师考试的形式如何。
7. 熟练掌握"合理"猜测的技巧。
8. 回想各类考试的应试要点。
9. 在考试中，要聪明地使用时间。
10. 能发现文章的"线索词"，并知道如何解答。
11. 记住你的学习模式测试结论。
12. 选择扬长避短的应试策略。

成为考试达人

　　为了在考试中取得好成绩，你既要掌握好考试要考查的学科知识，也要掌握必要的应试技巧。善于把自己的潜力和掌握的知识内容都展现出来，这是一种"应考智慧"。你的智力，加上前期掌握的知识，再加上备考期间得到的新知识，三功发力，将助你从容应考、马到成功！

　　本章后续将向你提供许多攻略，适用于考试前、考试中、考试后各个阶段。研究证明，仅仅通过应用合适的"应考攻略"，就可以帮助考生提高考试成绩高达二十多分。

　　在备考期间有效利用学习时间，是保证考试成功的关键环节。你的学习方法要和考试的类型相适应。有两种类型的考试：

　　（1）客观题型（多项选择、判断、搭配、填空）。

　　（2）主观题体型（论述）。

　　在标准化考试和非标准化考试中，这两种题型都可能出现。

　　标准化考试是建立了常模（一大群学生的平均成绩）的考试，它能让老师把你的成绩和其他学生的成绩进行横向比较。这些考试经常采取小册子的形式，面向大量学生，目的是考察学生在某一学科领域所达到的水准和技能掌握情况。

　　一些标准化考试的例子：

　　1. 成绩测验或者水平考试——衡量在某一学科领域你的技能、知识或者精通程度。

　　2. 能力倾向测试——预测你在某门功课、项目上可能取得的成功。

　　3. 学习困难测试——考查你在某一学科领域的强项和弱点，经常用于定位你在某一学科达到的水平。

　　非标准化考试没有常模，经常被大多数老师用来"测量"一个学生的知识。这些考试常由老师出题，学生参考。本章的其余部分用来讨论非标准化考试以及如何成功应考。

要想考出好分数，需要很多关键因素共同作用。也许这其中最为关键的因素就是取得好成绩的强烈愿望和积极的心态。相信自己是成功了一半！

　　如果能够认识到考试是学习过程的一个必要组成部分，而且考试本身也是学习的一个途径，那么在这个游戏中你已经占了先机。这也有助于克服考试忧虑，把负能量变成正能量。认识到考试有时并不反映你的真实水平，而且有的老师组织的考试本身也大成问题，那么当你在有些考试中成绩不如人意，你就不必苛责自己。如果你对考试科目的内容成竹在胸，对相关常识了解透彻，又能熟练掌握应试技巧，那么在应考时，你尽可放松心情，静待佳绩。

　　学习、理解并运用以下"应试攻略"，也许能帮助你在以后几年的考试中都取得不错的成绩。这一定会让你成为一个从容不迫的成功考生。当你研习这些应试技巧时，重点关注那些和你的学习模式（视觉、听觉、动觉）适合的内容。

视觉	听觉	动觉
● 运用"线索"词 ● 运用知识结构图 ● 在脑海中想像出画面	● 自言自语以解除紧张 ● 把自己用过的记忆法再回想一下 ● 所有指导词都念两遍	● 放松全身肌肉 ● 在椅子上伸懒腰 ● 深呼吸

考不好的原因

- 耽误了功课又没补课。
- 课堂上没有注意听讲。
- 没做家庭作业。
- 马虎。
- 没有读课文。
- 学习启动太晚。
- 没条理。
- 睡眠不足。
- 学错了资料。
- 答案变来变去。
- 对这门课程学习态度不端正。

- 没有日日复习。
- 只顾填鸭，效果不佳。
- 没有拿出足够的学习时间。
- 太大意。
- 考试焦虑。
- 考试时记忆受阻。
- 认为老师不公平。
- 不喜欢老师。
- 缺乏"应试攻略"。
- 时间不够。
- 回答不出的问题太多。

改善措施

1. 跟上学习节奏。
2. 培养好的学习习惯，并加以应用。
3. 训练自己的记忆力。
4. 掌握"应试攻略"。
5. 积极向上。
6. 有条不紊。

考试焦虑及其缓解

　　分、分、分，学生的命根！考试分数反映了你在某次考试中表现怎么样，但未必能真实衡量你的智力，你学了多少，你的创造力以及你的个人价值。把这个道理铭记在心，这在以后的日子里正确看待考试分数是十分重要的一件事情。

　　如果在某次考试之前忐忑不安，也没必要大惊小怪。绝大多数人都会如此。一点镇静剂或者肾上腺素就能让你有最佳发挥。把这点额外获得的精力转化为积极迎战的能力确实能提高你的考试成绩。然而，真正的考试焦虑却会阻塞记忆，影响考试成绩。理解并正视考试焦虑的影响，随即运用成功的方法来加以解决，你就能安然越过障碍并实施有效的应考策略。

　　认真考虑第 194～196 页所列出的考试焦虑症候，以及缓解应试焦虑的建议。下次当你发现自己在考前、考中或考后出现了焦虑迹象时，就可以择善而用。

考试焦虑症候

- 紧张。
- 担忧。
  - 遗忘。
  - 不知道。
  - 做不完。
  - 没学到正确的学习材料。
- 滔滔不绝。
- 畏缩。
- 坐立不安。
- 害怕。
- 自我贬低。

- 精力难以集中。
- 没胃口。
- 高度意识模糊。
- 恶心。
- 手心出汗。
- 失眠。
- 出鼻血。
- 记忆受阻。
- 明显越来越忧虑。
- 特别在意别人对自己有坏印象。
- 极度安静。
- 怪笑。
- 极度没有耐心。
- 生气。
- 吹嘘。
- 准备不足。

化解考试焦虑的手段

1. 稳住局面

一旦感到自己有了消极想法，马上开始积极的"自我谈心"。这是一种和"头脑中的自我"沟通的方式。一边把精力转移到干其他事情上，一边允许自己适度关注（考试本身），以此打断持续的焦虑。当你意识到自己焦虑后，接受它，同时努力改善状况。这将帮助你把注意力集中到积极的行动上，从而摆脱消极的担心。

2. 策划"反攻"

采用下面的措施来代替无谓的焦虑和担心，切记尝试每一种策略，因为你稳赚不赔。一旦你发现某种方法有用，你就可以把它们倚为靠山。如此一来，光是知道局面可控（也能把控自己的感觉），就能让你在考试中表现更出色。经常在课桌前或者家里操练这些措施，因为你需要在考试过程中克服焦虑。因此，要在家中的"学习"环境里进行仿真"演习"。这样，在考场上必要时你就能把这些措施更好地"回忆"起来。

视觉想像——一个你很享受的场所，海滨、山上等。闭上眼，幻想自己就在那里。

做白日梦——你最心仪的某种事物，一项业余爱好、体育活动、休假、怡人的时光和地点，不凡的人物等。在温暖、舒服的背景下，活灵活现地梦见这些事物。或者，干脆啥也别想，让思绪漫游。

夸张——编个不论关于什么的荒谬故事。一定要编得脱离实际，夸张一些！设想如果考不好，那最糟糕的后果可能是什么。尽量编得可笑而不切实际。然后，你将对自己微笑释怀。

回忆——这是你早已学会并信赖的方法和工具。这将有助于你的记忆。有如此多的记忆可供回溯，需要时你随时可以指望它们助上一臂之力。

呼吸——来几个缓慢、有节奏的深呼吸。注意进出身体的气流运转。全身心体会呼吸本身。

注意——注意你的每一个身体姿势和任何肌肉紧张。做出有意识的努力来放松这些肌肉。首先，尽可能地绷紧肌肉持续几秒钟，然后放松。告诉自己，现在我放松了。从头开始直到脚趾，依次放松。要专注于进行自己的努力。考试时尽量体态放松。不要趴在桌子上，不要耸肩，不要过于低头。

做点什么事情——做体力活动，比如做操（假如环境允许）。转转头、颈、肩膀或者时常伸伸腰。

要有自信啊！

在校期间

- 仔细观察老师，摸摸底，看哪些内容更重要。
  - 声音（音量高低、音调变化、语速变化）。
  - 姿势（面容、手、身体）。
  - 材料（讲义、模型、影片）。
  - 反复讲述的中心观点或细节。
  - 老师提问问题的已知类型（要求细节，对主题的概括把握，主观还是客观考试，时间序列，图形信息，比如表格、趋势表、地图等。）
- 上课时。
  - 保持旺盛的求知欲。
  - 仔细听讲。
  - 认真记笔记并经常复习。
  - 问有价值的好问题，包括考试范围涵盖哪些资料，考试采取什么题形（判断、多选、论述等）。
  - 善于提炼和捕捉重要信息并收进思维导图，或者在每节课结束后马上先画出草图。
  - 完成第 200 页的考试复习表。你对考试了解越多，你就能准备地越好。
- 向同学打听消息。
  - 和以前修过这门课的同学了解情况。
  - 研究一下以前的考试。
    - ▲ 不要期望出现一模一样的题。
    - ▲ 看以前都考过什么主要概念。
    - ▲ 看以前考过什么题型（判断、搭配、多选、简答、论述等）。
    - ▲ 看一下各个来源考题的数量，多少来自课堂讲授、多少来自阅读作业、多少来自讲义、多少来自声像资料、多少来自其他来源。
    - ▲ 看有没有偏题怪题。
    - ▲ 看哪些知识点还没考到。
    - ▲ 这些考试是否要求回忆事实，或者推理技巧。

在家期间

- 查阅笔记攻略中与创建学习表有关的部分，以及见于本书其他章节中的阅读攻略。

- 在考前几天，把你认为很重要的概念列出来，在方便的时候询问老师，重点复习这些概念是否合适。
  - 在老师专门为与学生个别交流留出的时间段内提问（课后、上学前或放学后为佳）。
  - 这个举动告诉老师，你对考试十分在意，对考前复习十分主动。
  - 你会失去什么吗？不会。绝大多数老师将很乐意帮助你，而且会欣慰于你对这门课程怀有兴趣？

- 把所有有用的学习资料都收集起来。

- 复习所有的听课笔记、预习笔记、讲义、学习表、3 英寸×5 英寸卡片、课文、课程简介、课后作业、以前的试卷、知识结构图等。
  - 要特别注意：
    - ▲ 列表。
    - ▲ 斜体字、粗体字或者短语。
    - ▲ 课堂上被重点讲到的内容（老师反复强调的概念或者花费许多时间讲述的概念）。

- 把所有资料分成已经很好掌握的、需要复习的和不熟悉的等类型。
  - 用彩色标签分类标出这些材料。例如：
    - ▲A 或者绿色=我已经熟练掌握的材料。
    - ▲B 或者黄色=需要复习的资料。
    - ▲C 或者红色=不熟悉的资料。

- 额外制作一些 3 英寸×5 英寸的卡片。参阅第 104 页，学习卡片的魔力，要包括以下内容：
  - 词汇。
  - 定义。

■ 公式。

　　■ 因果关系列表，利弊列表。

　　■ 概念总结（线索词和词组）。

　（注：对开卷考试，这些尤其有用。）

- 当复习学习指南时，要画出组织结构图。参阅第 111 页，创建知识结构图。

- 把章节标题以及章节内的小标题变成可能的题目，看自己能否答出来。

- 根据教材和笔记的内容拟出考试题，然后自我限定时间，看自己能不能顺利完成。

- 回顾特定的笔记记录技巧，预演自己的"攻坚学习计划"。

- 组成学习小组。

- 让别人根据这些学习资料，以与实际考试相同的题型格式向你提问。

- 睡前快速浏览学习资料。你的下意识将继续"排练"这些信息。

- 考前要睡个好觉。

- 坚信自己已经复习到位，只待收获胜利喜悦！

要有条不紊！

考试复习表

班级：_____　　教师：_____　　姓名：_____
阶段：_____　　学习伙伴：_____

考试信息

考试日期：_____　考试时间：_____　分值：_____　总学分：_____

类　型	题　号	分　值	总　分　值	总体类型
				判断
				多选
				搭配
				填空
				论述
				开卷
				家庭测验

内容

1. 主要概念：　　　　　　　　　　　　　　　　　　　　　　备注
_____　　　_____
_____　　　_____
_____　　　_____
_____　　　_____
_____　　　_____

2. 课本章节：_____

3. 其他书籍：_____

4. 讲义：_____

5. 以前的试卷：_____
6. 实验报告：_____

7. 主题词汇：
_____　　_____　　_____
_____　　_____　　_____
_____　　_____　　_____

8. 备注：_____
_____
_____

组建学习小组

为什么要组织学习小组？

- 强化你所学的知识。
- 提供复习和练习的机会。
- 和同学相聚，在愉快的氛围下
  建设性地学习。
- 从别人身上学到新东西。
- 对模糊和不懂的概念有更好地理解。
- 复习更加全面。
- 如果别人指望你，会激励你更好地学习。
- 对学习起到补充作用。参加学习小组
  不能代替你预先学习和阅读有关资料。

如何组织一个成功的学习小组

第一步 ☞ 在班级里找 1～5 名同学，符合你对他们成绩、能力和学习积极性的期望。

- 不要任何"扯后腿"的人。
- 不要任何"靠不住"的人。

第二步 ☞ 和小组成员商量好汇合的时间和地点（把第一次活动先计划好，把必要的电话号码和 Email 地址都收集好）。

第三步 ☞ 在第一次活动前，每个小组成员都要"承包"一块学习研究内容，要从细节开始专门负责一部分学习材料的全部内容，包括听课笔记、预习笔记、讲义、实验报告等。

- 每个学生都自愿负责相同数量的内容。

例如：两个课文章节，两个主要概念等。

- 每个同学都就自己"承包"的领域做出学习表和知识结构图，并在第一次小组活动时把复印件发给每个小组成员。
- 针对每个特定的主题都要用学习表和结构图的形式把听课笔记、预习笔记、讲义信息、实验报告等相关材料都整合起来。
- 在第一次活动前，要落实是不是大家都愿意付各自的复印费用或者承担总体费用的部分。

第四步  第一次小组活动时：

- 互相交流姓名、电话号码、Email 等。
- 为小组活动确定时间要求合理明确的目标。
- 任命一位同学担任组长。
  - 让每位小组成员都聚焦于当前任务。
  - 小组成员轮流做组长。

- 讨论/头脑风暴。
  - 教师的教学风格。
  - 对主题材料的总体印象（略读课文、听课笔记）。
  - 课堂上所做的试题讲解笔记。
  - 可能的考试题型。
  - 任何有明显可能的论述题题目。
  - 从学长那里搜集到的信息、课本等。
  - 所有可能的信息来源（不要忘了讲义、课堂讨论笔记、讲课笔记等）。

第五步 🖙每个小组成员：

- 讲解自己"承包"的内容。
- 分发、解释他们针对自己负责的这部分学习内容制作的学习表和知识体系图。
- 就自己负责的内容测验其他组员的掌握情况。

第六步 🖙所有小组成员：

- 参与所有题目的讨论和提问。
- 对学习表和知识结构图进行补充和更正。
- 讨论题型和可能会考到的问题。

第七步 🖙针对所有可能考到的学习材料就"薄弱点"进行相互提问。

第八步 🖙如果需要额外的帮助，制订"行动计划表"。

第九步 🖙如果有必要而且第一次的活动效果理想，可以计划第二次活动。

- 每个成员对下次小组活动都要有清晰的目标。
- 每个成员都要明白自己的职责。
- 每个成员都务必乐于在自己所负责的、均等分配的任务领域成为"小专家"，使每个章节、每个主要概念都能具体落实到人。
- 坦诚、得体地讨论在上次小组活动中出现的问题，并群策群力地解决。
- 确定下次活动的时间、地点，并得到每个成员的同意。

对如何组建成功的学习小组的额外建议

- 图书馆不是理想场所。因为这里禁止大声喧哗，所以大家没法为自己的创造力喝彩。
- 活动地点和时间都要提前得到必要的允诺。
- 家长一般都很愿意为提前安排好的小组活动准备小吃，但对突然袭击则不然。
- 在活动过程中要运用结构化的时间单元方式来分解安排整体活动时间（参阅第 59 页，学习时间的规律：成功的基石），以保证各时段焦点明确，效果明显。
- 食物和饮料能调动学习气氛。但要安排在休息时间享用。
- 要为完成任务留下充分的时间，不要太匆忙，但也别多到容易闲聊天。
- 不要忘了为每次新的活动安排一个新组长。
- 如果小组活动在一次以上，成员要轮流负责对活动情况进行必要的记录。
- 复印费用要平均承担，这项费用主要用于复印需要互相交流的笔记和学习表。

课堂测验

- 自动铅笔，额外预备的铅笔芯。
- 好用的可擦笔。
- 橡皮。
- 圆规、量角器、三角板、尺子。
- 计算器。
- 笔记本电脑或其他合适的电脑设备。

建议

如果你在考试中需要额外的空白纸张来画知识结构图、用作验算纸或者任何其他用途，不要私自从自己的书包中、夹子中或其他地方拿，也不要向同学借。向老师要，让老师先登记好。这能节省时间，也省得因为用空白纸惹出问题而使自己尴尬。

记住知识结构图在考试中非常有用，也能极大缓解你的紧张情绪。参阅第111页，创建知识结构图。

课堂开卷考试

切记自己"清楚"老师的要求，带好了考试用品和参考资料。

- 课堂测验要求的考试用品。
- 课本、夹子、字典、同义词词典、写作指南、地图集、历书、学术速查指南。
    - 使用"小旗"或者小的便利贴放在页边来标记或者归纳中心观点、标题和各种细节。把它们围着页边放在不同位置，这样当书合上时你也能看到它们。
    - 根据标题对"小旗子"用颜色编码区分。
    - 在课本前面放一张大点的便利贴，作为对这本书颜色编码的索引。不要盲目信赖你的记性，在考试过程中你可能犯迷糊。
- 所有的听课笔记、预习笔记、讲义、学习表和知识结构图。

- 学习卡片，按照合适的顺序排放，用开口环串起来。
  - 第一张卡片列出主题索引（如有必要也列出次级标题、细节以及示例）。

建议：

因为开卷考试的题目一般比闭卷考试多，所以时间十分宝贵。如果全靠翻书和笔记来寻找答案，时间很可能不够用。你必须像准备闭卷一样下功夫，必须把所有的资料都整理好，以方便使用。

资料整理地清楚有序对节省时间至关重要。为了方便快捷地找到所需资料，记录在 3 英寸×5 英寸卡片上的不同信息要用不同色彩编码和线条清楚地区隔开，要在知识结构图、列表以及任何其他材料的页边空白处用标签做记号。你要能在10 秒钟以内把需要的信息找出来！

家庭测验

- 在课堂测验中要求的考试用品。
- 到图书馆去阅读、研究有关杂志的文章和科学出版物等，获取和你的考题有关的最新信息。
- 参考以前的试卷。
- 建立联系网络。
  - 电话、Email 或者个人能接触到的社区资源(查电话号码本或者搜索网络)。
  - 联系朋友、父母、父母的朋友、以前上过这些课程的老生。
  - 开展学习小组活动（参阅第 201 页，组建学习小组）。
  - 使用网络。

建议：

论述题的答案需要写得很好。让其他几个人来帮你审读，以保证文意连贯、内容恰当、表述清晰、结构合理、语法正确、标点无误。使用学生手册作为指导（参阅第 226 页，论述题和第 34 页，规划你的学习资源）。如果有可能的话，尽量打出来而不要采用手写体。把问题再读几遍，切记你的论述文要直截了当地解答这个问题。

再次检查确认客观题的答案，把不该犯的愚蠢错误找出来（数学问题的答案写错位置，或者没有把答案正确标出）。要切记你写出的内容清晰易读。还要认真检查所有的计算、参考资料来源等。

"限定词"表

仔细看这些试题中的"限定词"。它们既有可能是真正的帮助，也有可能是正确解答的障碍。

一般的（经常是正确的）	特定的（始终正确）		
很少	总是	没人	包括
通常	所有	没有一个人	很多
也许	从未	因为	很少
绝大多数	决不	仅仅	等于
经常	屡次	必须	不平等
一些	多于	虚弱	平等
有时	少于	每人	出众的
	两者都不	真实的	低等的
	两者都	错误的	整体的
	所有人	负面的	部分
	不可能	正面的	特别地
	绝对地	除了	强壮

当你在考试指导语、问题或者答案中
遇到这些"限定词"时：
- 画圈标记以提醒自己注意。
- 仔细地思考这些问题和答案。

合理猜测策略

　　在不受惩罚的情况下,本书第 208~212 页介绍的合理猜测策略就是你解答不出问题时所能采用的最后一招。如果评分系统对答错题不倒扣分,那么猜测总好过空着不答。在参加考试之前,一定要了解猜错了答案是否倒扣分。

　　在举棋不定时,总要先选出一个答案并在问题边上打上记号,这样在回头检查考卷时,就能迅速意识到这些需要格外加以注意的问题。遇到一个问题时,就要把答案先填上去,而不是先跳过去等回过头再来作答。很有可能考试时间不够用,你根本没有回过头来重新作答的机会。有额外时间就重新检查打了记号的题目。在改变原先选择的答案前,一定要慎重考虑,从概率上说,你第一次选择的答案正确的可能性更大。

　　研究显示,正确和恰当地应用合理预测技巧能显著提高你的考试分数。把下面介绍的技巧学好并细心应用。记住,这只是当你回忆不起正确答案或者对问题根本不熟悉时所能采取的最后招数。

最有可能正确的陈 述或者词语	最有可能错误的陈 述或者词语	考试类型	示　　例
最"通常"的陈述		多选 判断	诗歌《鲸的公墓》，作者叶甫根 尼·叶夫图申科： A. 不可翻译 B. 主要是对共产主义的批评 C. 仅仅涉及俄国的状况 D. 仅仅对犹太人有吸引力
	绝对化的陈述	多选	8月气温很高。 有绝对化色彩的词语：所有、 没有人、总是、仅仅、每个人、 必须、不可能、从未、绝对地、 决不、没有任何人、每个人
	不熟悉、不认识的词 或短语	多选	任何经回忆在学习时根本不曾 见过的词
	幽默色彩的替换词、 侮辱性的词语、笑话	判断 多选 配对（如果有 多余的）	

最有可能正确的陈述或者词语	最有可能错误的陈述或者词语	考试类型	示　　例
最完整的陈述		多选 判断	当记忆信息时： A．从前天晚上开始 B．有积极的态度，有记忆的欲望 C．把所有信息收集起来 D．死记硬背
	如果可选的答案是一系列评价，把两极的排除掉	多选	博尔德的人口数量是： A．250,000 B．85,000 C．43500 D．10,000
"所有以上选择"		多选	当为考试制作学习表时，包括： A．读笔记 B．听课笔记 C．图表 D．以上全部
	包含原因和限定的陈述	判断 多选	保罗考试没考好是因为他考前一天晚上去看电影了，没有复习。 错误 因为，除了，没有

最有可能正确的陈述或者词语	最有可能错误的陈述或者词语	考试类型	示　　例
最长的选择		多选	《了不起的盖茨比》 A．因无信仰而无耻 B．表现了受压迫者对富人的复仇 C．发生在明尼阿波利斯 D．展示了南方人的好客
如果两个选择是相反的，选择其中之一		多选	弗洛伊德： A．提出了精神分析学说 B．没有提出精神分析学说 C．经常向他的病人介绍精神分析 D．认为治疗应在疗养院进行
"所有以上选择"	如果两个答案类似，那就都不选	多选	林肯所做最有政治意义的事情是： A．挥舞斧头 B．劈篱笆横木 C．发布废奴声明 D．战后在福特戏院被暗杀

最有可能正确的 陈述或者词语	最有可能错误的 陈述或者词语	考试类型	示　例
位于中间，用词最 多的选项		多选	当你不知道正确答案时，你应该： A．空着吧 B．使用聪明考试策略并且标记好 C．做下一个

仔细审视否定表达

否定表达是把一个词的意思转化为相反方向的词语或者前缀。

普通否定词	普通否定前缀	
Not	un	non
Except（除了）	in	im
False（错误的）	il	ir
Dis		

- 在客观性考试中，尤其要注意否定语。
- 有时在考题或者答案选项中的否定词和前缀上画圈会很有帮助。

双重否定是包含两次否定的句子，经常是一个否定词和一个否定前缀。

示例：他不是不健壮。（He is not unathletic.）

三重否定是包含了三次否定的句子，经常用一个否定词和两个否定前缀。画出两重否定来。然后再阅读并回答。

示例：没有耐心并不是无情。（It is not unkind to be impatient.）

临时"填鸭"，即使不应该

关于"填鸭"你该知道的一些事情

- 最后一招，不得已而为之。
- 对信息的回忆只在一两天内有效。
- 由时间不宽裕，你只能学习到有限的学习材料。
- 你对课程的总体理解和视野受到局限。
- 压力之下，学习效率低。

如果不得已而为之，那么如何"填鸭"

1. 确认课程的目的。
2. 快速浏览学习材料，形成大致印象。
3. 特意跳过听课笔记和课文。
4. 选择一些主要领域以便"集中火力"（宁可把一些主要观点和支持性细节搞熟，也不要把有限的时间用来贪多求全，反而导致几乎啥都没记住）。
5. 注意讲义、定义、列表、数据、斜体字、公式和名称。
6. 制作学习表、思维导图、知识结构图、学习卡片等。
7. 可能的话，使用记忆法来复习、背诵和记忆。
8. 回想应试攻略（参阅第218~238页）。
9. 走进考场时，要怀着自信的态度：自己复习过的资料足够充分。
10. 不要在根本不会的问题上浪费时间，果断跳过。
11. 需要时，要运用合理猜测策略。

考试前夕

- 适当早到，以便：
  - 准备好所有考试用品。
  - 选择教室里的安静之处（教室前边的角落最佳）。
    - ▲ 避免受前面人影响。
    - ▲ 能听清监考老师的口头指导。
    - ▲ 能看清黑板。
- 把诸事都安顿好：
  - 上好厕所。
  - 擦洗眼镜（如果你戴眼镜，而且眼睛需要擦洗）。
  - 喝点水。
  - 把可能起干扰作用的东西都从桌上拿走。
  - 在椅子上坐直，保持警觉状态。
  - 放松（深呼吸、伸懒腰等）。
- 如果你觉得有需要，目光快速掠过学习表，最后再看一下。
- 不要和其他考生谈论考试材料，那太让人迷糊了！
- 如果你对考试场所不熟悉，感到有点不舒服，提前看考场是个不错的主意，这样你就能对考场预先适应，避免不适感。
- 把以前的学习经历都调动起来，相信自己的学习技能和应考攻略一定很棒！

> **努力全神贯注，抱定必胜信心！**

明智地使用时间

1. 在每页考卷上都写上自己的名字。

2. 头脑中只想积极的事情。

3. 有意识地努力放松自己的颈、肩和上半身。

4. 把监考老师口头要求的关键词写下来。

5. 不要一拿到试卷就马上开写，浏览一遍试卷，看有多少道题目，都是什么题型，做到心中有数。

6. 把考试时间大致分配一下。要留下最后检查的时间。

7. 所有的题目都要读两遍。在要求中的关键词上画圈并且注意不要超出书面意思去过度解读。

8. 在考试中，可以找点空白处把你脑海中能回忆起的知识结构图默画出来。如果找不到空白处，可以向老师要一张白纸，让老师在上面先做个记号或者签上姓名。这能提醒老师，这张白纸是他给你的。不要从自己的座位、夹子或者书包里取纸张。

9. 不要在意别的同学答题快慢，稳定地按自己的节奏作答。

10．回答所有的问题。用合理猜测法解决自己不会的问题，记住在这样的问题边上做上标记，等回头再着重检查 （一定要了解，答错是否倒扣分）。

11．除非一个答案很明显错了。否则就不要改来改去。

12．你的潜意识会一直掂量你不太有把握的问题。有的时候一个问题或答案，会触发你想起另外一个问题或答案。

13．如果你的脑子一下"卡住了"：

- 再阅读题目并且把他分解成几个小问题。
- 寻找"线索词"或者"暗示词"，并用心解读。
- 仔细阅读待选答案（先阅读"主干"，就是上面的题目，再阅读下面的每个待选答案）。
- 努力回忆对这个题目涉及的概念和观点，老师曾经反复提到过的措辞。
- 和出题老师换位思考，推测老师的出题目的。
- 对可能包含着答案的事件、时间线、书里的某个章节，进行形象化的回忆。
- 对相关概念进行头脑风暴，努力回忆起相似信息。
- 把问题用自己的话来表达以便更好地理解，但要注意不要改变题目原意。

- 对问题进行图解分析，以"看清"问题实质。
- 把同义词都写在边上，帮助大脑"唤出"恰当切题的词语。
- 把字母表写出来，从后往前或者从前往后快速浏览，根据首字母线索，联想回忆答案。

14．检查答案。

- 看答案能不能读得明白。
- 有没有答非所问。
- 是不是写在了合适的地方。
- 有没有从草稿纸上正确地誊抄过来。
- 如果是论述题答案，看有没有明确包括引言、清楚而又论证有力的事实、结论这几部分。

多项选择题

多选题答题攻略

- 要明白多项选择是老师最爱出的题型。
- 要明白该题型的目的是判断学生能否对相互关联的信息有一个清楚的认识。
- 明白题目要求:
  - 所有的题目要求要读两遍。
  - 每道题目是不是有一个或者一个以上的正确选择。
- 快速作答。
- 把难以确定的问题标记出来,然后继续往下做。
- 所有问题都要作答(不要空下任何题目,除非答错题扣分)。

第一步 ☞ 把所有选择都用手盖住,专心读"题干"(就是选项上边的题目)。

第二步 ☞ 研究"题干",在限定词或者关键词上画圈(参阅第 207 页,"限定词"表)。

第三步 ☞ 在阅读可选答案之前,先思考可能的答案。

第四步 ☞ 把手拿开,露出可选答案,选择和你的想法最相符的那个。

第五步 ☞ 如果感觉题目和答案都很复杂、令人费解,就把它们分解成小的部分,以克服理解困难。

第六步 ☞ 在做出选择前,把所有的备选答案都读完。

第七步 排除明显错误的选项。

- 参考第 208 页，合理猜测策略。
- 寻找"线索"词和数字。
- 寻找语法线索。
  - 在题干和答案之间的名词、动词相一致。
  - 题干里的 a/an，答案以辅音/元音开头。
  - 复数。
- 注意题干或者答案中有无在课本里或老师授课中出现过的词汇。
- 当在浏览答案的过程中发现一个矛盾答案时，首先把"以上全对"或者"以上全错"先排除掉。

第八步 ☞当脑子"卡壳"时，尝试分别把题干和任何一个答案连起来阅读。

第九步 ☞如果时间允许，再次检查答案。

- 先检查打了标记的问题。
- 修改任何答案前，都要切记有充分的理由，因为你的第一反应往往是正确的。

对错判断题

对错判断攻略

- 要认识到对错判断是最难的题型。
- 要明白对错判断题要考查的是你是否正确地认知某些事实和细节。
- 要看懂题目要求。
  - 所有要求都要读两遍。
  - 看是不是明确告诉了，共有几道应选对，还有几道该选错。

提醒

应该选对的题目数量往往比应该选错的题目多，因为正确的题目更方便写出来（错的更难编）。如果不得不猜的话，就猜对，这个可能性更大。

- 仔细阅读。
  - 不要对每个题目都非要"分析"出深层意思。
  - 如果题目令人费解，就把它分解成两部分，切记自己对这两部分都弄懂了。
  - 从出题者的角度来思考问题。

- 找出"限定"词。
  - _因为　　　　_全部　　　_全错/对
  - _没有一个　　_从未　　　_总是
  - _没人　　　　_通常　　　_决不
  - _只有　　　　_一些

（参阅第 207 页，"限定词"表）

- 有题必答。
  - 即使拿不准，也要作答。做完打上记号，以便在检查试卷时及时进行推敲。
  - 也可能你再没时间来重新斟酌了，但做了总比空着强（如果做错不倒扣分的话）。
- 如果答错倒扣分，那实在不会的还是空着为妙。
- 有"理由"的陈述往往错误（因为这些原因本身就不成立或者不完整）。
- 答案不要改来改去。
  - 研究表明，第一次的答案经常是对的。
  - 要改就一定要有十足把握。
- 在推翻一个陈述之前，先要假设它是正确的。
  - 写出正确陈述比让一个错误陈述看起来正确容易。
  - 在设计成对错判断题前，这段信息的各部分都是正确的，经过"编排"后才成为一段"可能正确"的信息。
  - 用两个指头，捂着题干。移动指头，把题干一个一个字往外露，边露边读边想，"这个词会导致陈述错误吗？"
- 把双重否定都划掉，再次读题目。

配对题

配对题解答攻略

- 配对题的考试目的是考查你对各类具体事实和信息之间的认知程度。
- 看懂题目要求。
  - 弄明白每个答案是只能用一次，还是可以多次使用。

提醒

下面给出的搭配方法卓有成效，能在第一时间帮助你正确判断，从而避免改来改去，不止节省时间，也能降低紧张感和挫折感。照此去做，在开始搭配之前，你的脑海中就已经存储好了（前一栏框）所有信息，已经在类似的答案之间进行了分析比较，已经知道了正确答案的位置。要学会尊重自己大脑的工作规律，不要反其道而行。

- 先读字数最多，看起来更长的栏框（经常是有字母开头的右边栏框）。

第一步☞给"长得像"的答案画上记号。

示例：当你往下读到"E"，意识它和已经读过的"B"相似，有相互替代可能时，就在"B"的边上写上"E"。这样在筛选和另一栏配对的最佳选择时，"E"和"B"都要纳入考虑。

第二步☞把明显不合适的答案立即划掉。

第三步☞在列表的中间位置画一道横线做标记。

因为大脑对位置的信息的记忆十分强烈，当你开始在两栏之间搭配时，你很容易忆起正确的答案是在线上还是线下，这能有效提高答题效率。

示例：如果列表中的答案包括 A 到 Z，线就画在 M 之后。

第四步☞读另一栏框（较短，字数少一点的）。

第五步☞开始搭配。

- 答案用上了，就要划掉。
- 答案要用印刷体写得清楚无误。
- 感到难以决断时：
  - 闭上眼睛，努力在脑海中回忆出那些包含着答题信息的课本页面、课堂和预习笔记页面、学习表、知识结构图或者学习卡片。

填空题解答攻略

- 这种考试要求你提供具体的事实和信息。
- 对这类题目而言，理解题目要求很重要。
- 要注意回答选项是否列于另一页或者问题页的末尾。
- 认真阅读题目要求，找出"线索"（尤其是恰好在空格前的）。
  - 一个、这个、这些、那些、他们。
  - 线索词能据以判断元辅音和单复数。
  - 以 S 结尾的动词单数形式经常出现在空格前。以 S 结尾的动词很可能提示单数名词。
  - 经常出现在空格后。
- 答题。
  - 要写得清清楚楚。
  - 不能答非所问。
  - 有时老师用课文上的句子来做考题。
- 脑筋"卡壳"时：
  - "头脑风暴"一会。
  - 当想不出确切的字词或者短语时，用同义词或者解释词来代替。得一点分总比一点得不到强。
  - 写出所有可能的答案。做好标记，回头再来定夺。在做下面的题目时，你的大脑还会继续思考这个问题，说不定一会就能想起答案。
  - 尝试着想象这个概念在笔记本或者课本上的某个位置。然后在这些内容中梳理合适的答案。
  - 按字母表的顺序，用大写把字母按次序往下写，写到正确答案开头的字母时，记忆可能就唤醒了；如果不成功，反过来再来一遍。
  - 做图，通过这张图和自己平心静气地讨论。

数字题

数字题攻略

- 数字试题要求你给出原因、证据或者具体的答案。
- 把问题的要求理解好（这些题经常要求你应用定律、公式并据此演算出明确的答案）。
- 写清楚。
  - 所写的数字都要认得出。
  - 把数字写在卷面要求的正确位置。
- 正确誊写问题。
  - 在解题前，切记你正确地誊写了题目。
  - 如果对正确答案的数字单位有明确要求，那要记在心里。
  - 如果试卷上有答案栏框，那检查的时候一定要看看你有没有把答案从演算处誊抄过去。
- 首先估计答案。
  - 先在心里估计答案。
  - 对多项选择题，在看备选答案前，自己先解出答案来。

- 注意计量单位。
  - 如果有要求，切记已经正确换算。
  - 答案要采用正确的单位，要检查其准确性和易读性。
- 要注意"枯枝"数字。这些明显没必要的数字和信息，要敢于舍弃，它们本来就是掺杂进来起迷惑作用的。
- 检查所有问题的计算。
  - 即使最基本的加减步骤也要检查。
  - 绝大多数错误是基本的计算错误。
- 当脑筋"卡壳"时。
  - 查看线索词如另外、同样的、更少等。
  - 作图以方便理解。
  - 把复杂的数字替换成整数试算一下。
  - 当完全束手无策时，可以进行合理推测（假如答错不倒扣分）。
    - ▲ 排除不合理的分数和计量单位。
    - ▲ 在多项选择中，把最高、最低的两个极端项排除掉。

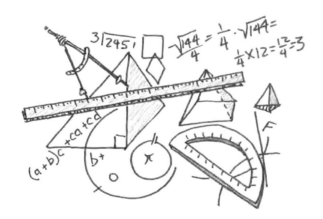

论述题

论述题解题技巧

- 在考前要有所准备。
- 预测考试题。
  - 如果可能的话，对听课笔记和预习笔记采用色彩编码。
  - 记录下老师在每个概念讲解上投入的时间。在某个概念上投入的时间越长，这个概念就越有可能成为试卷上的一个或两个问题。
  - 切记要学习定义和列表。
  - 对老师发下来的讲义、学习指导和复习材料要格外注意学习。
- 构思答案。
  - 对每个你设想会出现在试卷上的问题。
    - ▲ 写出一个简要提纲（参阅第 234 页，论述题答题格式）。
    - ▲ 制作知识结构图或思维导图（参阅第 111 页，创建知识结构图）。
  - 切记要包含所有的中心观点和支持性细节材料。
- 给出细节和示例。
  - 关键词和短语（要核对拼写）。
  - 准确的数据、姓名、事实等。
  - 和老师在课堂上强调过的观点之间的联系。
- 记住知识结构图。
  - 练习凭记忆画出知识结构图，以便你能在考试一开始，就能准确、快速地默写出来。
- 培养成功解答论述题的三个要素。
  - 课程知识。
  - 观点组织。
  - 写作技巧。

- 提前了解哪位老师负责论述题阅卷评分，争取提出的观点能"投其所好"。
- 考前要仔细听老师讲解考试要求。

第一步 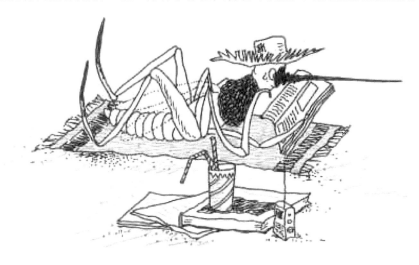阅读论述题部分给出的总的和具体的解题要求。看要求是每题必答，还是可以选答。

第二步 开始答题前，把所有问题都审读一遍。

- 注意每题的分值，从分值最高的题开始解答。
- 阅读题目时，对每个问题都记下一点想法。
- 当你想对某个问题动笔作答时，或者想选择一个自己想回答的问题时，记下的想法会有帮助。
- 在读题的过程中，你的相关记忆也会被激活。
- 把所有问题都先读一遍，有助于你在回答各个问题时避免信息重复使用。

第三步 ☞ 对每个问题都设定一个答题时间限制。

- 按照问题的繁简难易程度分配时间。
- 如果在答的问题超时了，那就放下去答下一道题。
- 四个部分回答的题目所能得到的总分数，比两道回答完整的题目加两道一点没做答的题目得的总分数多。
- 每个题目的时间预算是：
    - 一半时间打草稿。
    - 一半时间写答案。
- 把估计做题需要的时间写在空白处。

第四步 ☞ 再读一遍题目指导语。

第五步 ☞ 再读一遍题目，把对答案为何和如何表达有提示作用的重要词语画上圈（参阅第 231 页，论述题指导语）。

第六步 ☞ 在构思答案内容前，始终要先默写出知识结构图或者其大致内容。

第七步 ☞ 要有条不紊地写出答案内容。

- 要身心投入，在答案中体现出自己的情感。
- 如果可能，行间距适当留足，以便需要时添加更多信息，左边适当留空。
- 对使用的术语，要给予定义；不要使用不规范的用语或者缩略语。
- 举例要详实。
- 导语。
    - 要以用自己的语言重申问题作为开端。
    - 确立基调和态度。
    - 后边所有的句子都要紧贴主题展开。

- 写好主题句。
  - 主题要具体明确。
  - 具体条件、感受或者你对题目的立场观点。
- 主体：
  - 要使用过渡语或者陈述语。
  - 要清晰地陈述观点。
  - 用支持性信息证明、强化论点。
  - 务必不要跑题，要回答问题。
- 结论：
  - 使用总结性句子。
  - 再次重申立场观点，但是不要再用例子证明。
  - 陈述你是怎样证明、支持或者为你的初始论点辩护的。
  - 让阅卷评分的老师体会到总结陈述的意味。

第八步 👉 检查。

- 首先，要检查内容。
  - 你是不是直接、清晰地回应了题目中的关键词。
  - 你是否一直围绕着中心观点。
  - 你是否用了足够的细节来支持一个清晰的陈述。
- 其次，要检查结构（所有的信息都应该周密地组织起来）。
  - 导语。
  - 主体。
  - 结论。

- 第三，检查细节。
  - 漏字。
  - 拼写错误。
  - 语法错误。
  - 标点错误。
  - 措辞累赘。
  - 使用过渡性陈述，以便流畅地从一个段落过渡到下一个段落，比如第一、第二、第三、话说回来、虽然如此、最终等。

第九步 ☞ 务必表达出你真正想说的意思。

- 要简明扼要，不要信马由缰。
- 要有的放矢。
- 要揭示出各主要观点之间的关系。
- 必要而恰当地举例以支持论点。
- 如果不是很有把握，回答就要稍微笼统一点，而不要太明确（比如用"在 1920 年左右"而不要用"在 1923 年"）。
- 当写答案的地方不够时，可以用打星号的方法，提示在其他位置还有后续补充信息。不过，这个方法不宜多用。

第十步 ☞ 如果时间不够了，尽量把答案的提纲写出来。

第十一步 ☞ 不会答怎么办。

- 看这个题目和你掌握的内容之间有没有"重合"之处。
- 看都有哪些问题模棱两可。
- 努力寻找你学过的内容和问题之间的关联之处。
- 通过试卷上其他部分的问题寻找线索。

论述题指导语

指导方向	规定动作	指导语示例
分析	对问题进行分解，对各个组成部分之间的关系，给出结论	分析小说作者的对话写作特点
辩论（或者说服）	对问题进行研究，举出证据来捍卫某种立场	对因特网弊大于利的观点进行辩护或者反驳
归类	把观点按照共性进行归纳分类，并为其命名	对下列作品按照流派进行分类
比较	列出并审视异同点	对小说《饥饿游戏》和同名电影进行比较
对比	对不同观点、条目或者事件进行对照，以显差异	对比蒸腾作用和呼吸作用过程
批评	对事物本身的是非曲直进行评判，并以事例加以佐证	批评禁止在城市人行道上玩滑板的城市新条例
辩护	清楚地表明立场和观点，举出理由证明为什么这个观点是正当的。与相反的观点进行论辩	对允许中学生带手机上学的观点进行辩护
名词解释	确定含义并且解释清楚	解释习语"一鸟在手好过两鸟在林"的含义
描写	用词语在读者心中描绘出生动的形象。或者，对某种结构进行解释，描述出大致轮廓	描写火箭发射升空的景象
图示	用绘图的方式，展示各个组件的布置和它们之间的相互关系	画出联合国的组织结构图

指导方向	规定动作	指导语示例
区别	识别并描写两个或多个事物之间的不同点	区别下列图形：菱形、正方形、矩形、梯形、五边型、平行四边形
讨论	对某一题目或问题的各个方面进行广泛讨论，努力给出一个完整的景象	对卡特里娜飓风给新奥尔良市造成的影响进行全面讨论
详述	对一项工作或者观点展开介绍，补充细节	对下表中的文学技巧进行详细介绍
列举	清晰列出特点、理由或者条目	列举激光束的各项用处。
评价	对某个观点、问题、演讲或者工作给出自己的评价。要包括长处以及局限	评论你所在的学校对校园欺凌问题的政策
检视	对某事给出全面描述，要注意到各个方面	仔细观察学习代数的益处
解释	使某事更清楚；说出是什么和为什么	解释有丝分裂的过程
识别	命名，给出某事物得以被认识的特征	识别侵蚀作用力
举例说明	通过口头举例或者视觉证据（如图画、照片、图表）加以解释和澄清	举例（图解）说明这三种体操
诠释	解释或者总结一个想法、问题、段落、行动或者一组事实，然后给出你的评论和释义	诠释诗歌《雪夜，林前驻足》
证明	为你的结论或者决定提供证明	证明学校售卖机禁售含糖饮料的合理性
列表	持续地记录几个条目	列出影响人口迁移的几个因素

指导方向	规定动作	指导语示例
概述	对某事进行系统化论述。给出主要观点和看法，以及主要的支持细节	概述森林火灾的灾难性后果
改写	用自己的语言对某件材料进行改写	改写开场诗，《福音天使，阿卡迪亚的传说》
预测	预计即将发生的事情，或者某事将会引发的后果	预测直线运动实验的结果
建议	提出计划或建议供他人考虑	对宇宙模型设计提出一些建议
证实	对某项观点或者论述提供事实证据	证明把适驾年龄提到 18 岁，降低了涉及少年儿童的致命交通事故发生率
联系	展示观点、事件或者其他事物是如何互相结合或者联系的	讨论新西兰的经济行为和其地理特点及其位置之间的联系
序列	把事物归在一个前起后续的序列里	对下列事件按历史时期排序整理
总结	用简明的方式表达	简要总结伊拉克战争的合理性
追踪	把某事的阶段和过程概括出来	描述 DVD 的发展过程
验证	证明或者显示某事的准确性	验证水是树木燃烧的副产品这一论断

论述题答案格式

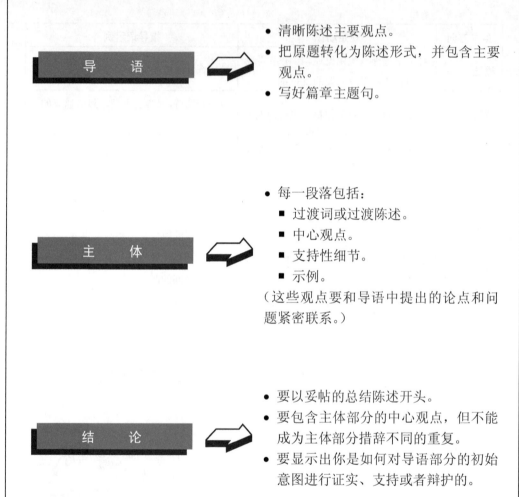

导　语
- 清晰陈述主要观点。
- 把原题转化为陈述形式，并包含主要观点。
- 写好篇章主题句。

主　体
- 每一段落包括：
  - 过渡词或过渡陈述。
  - 中心观点。
  - 支持性细节。
  - 示例。
  （这些观点要和导语中提出的论点和问题紧密联系。）

结　论
- 要以妥帖的总结陈述开头。
- 要包含主体部分的中心观点，但不能成为主体部分措辞不同的重复。
- 要显示出你是如何对导语部分的初始意图进行证实、支持或者辩护的。

<u>开卷考试攻略</u>

- 要有备而来。
  - 带上下列物品（在考试日期前务必和老师就所有需要的考试材料落实清楚）：
    - ▲ 书写工具（可擦拭墨水笔、带橡皮的自动铅笔）。
    - ▲ 足够的纸张（带横线的纸、不带横线的纸、坐标纸、草稿纸）。
    - ▲ 课文，其他参考资料。
    - ▲ 课堂笔记和预习笔记。
    - ▲ 讲义。
    - ▲ 实验报告。
    - ▲ 学习表、提纲、知识结构图。
    - ▲ 3 英寸×5 英寸的学习卡片。
    - ▲ 笔记本电脑或者其他电子装置。
- 要非常熟悉课本。
  - 对以下事物要非常熟悉：
    - ▲ 目录表。
    - ▲ 索引。
    - ▲ 特别附注。
    - ▲ 一览表、表格、示意图、总结。
    - ▲ 作者提供这些材料的意图。
- 阅读考试范围内的章节内容。
  - 了解内容。
  - 知道与考试相关的其他章节内容的具体位置。

- 在考试前几天，要做一个专门的学习指南。
  - 预测考试题，并把相关的学习知识信息整理到一起，每页都要编好页码（彩色编码系统会有帮助）。
  - 要安排出一部分宝贵的备考时间来完成下列工作：
    - ▲ 专题词汇表（要检查拼写，确保正确），并根据不同主题进行分类。
    - ▲ 用于论述题的简明知识结构图或其略图。
    - ▲ 关于主要概念的知识结构图及其支持性细节和示例。
    - ▲ 你自己对有关概念在笔记本和课本上的位置信息所做的索引（记住对你的笔记本和所有纸质记录编注页码）。
  - 用经过编码的颜色标签或者即时贴来标示有关信息的位置（参阅第 205 页，应试技巧）。
- 考试时。
  - 快速扫描试卷，观察考试题型。
    例如，对错判断、多项选择、填空、搭配、论述。
  - 尽快定下自己的"攻坚"计划，并合理分配时间：
    - ▲ 注意哪一部分分值最高。
    - ▲ 看看每个部分分别对应哪个知识领域？
    - ▲ 论述题耗时多，要早作计划。
    - ▲ 对所有的考试指导语要仔细读两遍。要把对回答问题有特别重要意义的词语用笔圈出来（参阅第 231 页，论述题指导语）。

家庭考试攻略

- 家庭考试考查你在研究、组织、整合信息方面的能力水平。
- 当要离开教室时：
    - 浏览整个试卷，有任何疑问都要向老师问清楚。
    - 确保对所有的考试指导语都理解无误。
    - 把需要的参考资料都列出来（有疑问时，请问老师）。
    - 对交卷到期日、准确时间和老师期望时间都搞明白。
    - 询问有无任何限制性要求。
    - 如果有论述题，问清楚答案要求在多少字数以内。
    - 询问论述题答案要求的格式（如需要手写体，还是印刷体等）。
- 到家后（参阅第 205 页，应试技巧）。

第一步 ☞ 收集任何需要的学习资料。

- 课本、补充参考资料、讲义。
- 预习笔记、听课笔记、阅读笔记、课外作业和调查笔记。
- 字典、同义词词典。
- 电脑。
- 学习表、3 英寸×5 英寸的学习卡片、知识结构图或者大纲。
- 书写工具。
- 学生写作技巧手册。

第二步 ☞ 按照分值大小给每一部分试题分配时间，先做分值最高的试题。

第三步 阅读整个试卷。

- 认真阅读所有的考试指导语。
- 看是不是有些试题的答案直接出现在试卷中了。
- 限定词画圈或者用其他记号标示出来。
- 努力弄清老师的测试目的，理解老师对你的期待。

第四步 构思答案。

- 参考本书，针对不同试题选择使用不同的答题攻略。
- 核对所有客观型试题的答案。
- 确保所有的论述题答案书写工整清楚。开始答题时，要使用知识结构图或大纲帮助构思。
- 列表汇总你在答题中应用的参考资料并附加到试卷上。
  - 千万别照搬照抄。
  - 如果真的照搬了，记住一定正确呈现并说明引用来源（使用脚注或尾注）。
- 参考书目页要注意采用正确格式。

第五步 如果时间充裕，先打草稿，再誊抄过去，要仔细校对句子结构、拼写、标点、内容、语法、条理性和清晰性。

第六步 让其他人帮你校对一下。

第七步 交卷前，要把试卷和答案页装订在一起。

第八步 务必在每张卷面上都写上名字，把试卷和答案页按顺序排好。

- 如果可能，加一个封面保护套（塑料的）。

看，考试就是干这些事！

听	主要听口头考试指导
看	整场考试无时不在看
写	简短笔记；重画知识结构图
做时间预算	足够的时间完成试题
读	指导语读两遍；关键词画圈
答	所有的问题；标示没把握的问题，等回头再检查
检查	所有的答案

考试之后

复习发下来的试卷

- 为什么？
  - 避免以后再犯类似错误。
  - 了解老师对学生在考试中的表现有何期待。回顾这些重要的反馈以备后用。
- 阅读评卷老师的评语。
  - 不要对自己的缺点"护短"。
  - 老师今日之责，有助未来成功。
  - 吃一堑，长一智（树立正确的学习态度）。
  - 记住老师表扬，未来继续发扬。
- 关注本次考试的特点。
  - 本次考试采取什么形式？
  - 哪类试题回答得更理想？
  - 哪类试题是自己的薄弱环节，重新学习这类试题的答题攻略。
  - 你的课文、听课笔记、学习表或者知识结构图是不是遗漏了重要的知识点？
    - ▲ 为什么会遗漏？
    - ▲ 是不是记错了？
    - ▲ 以后怎样避免此类问题发生？
  - 是不是每部分考试的时间都足够？
  - 试题内容在听课笔记、课外阅读作业和课堂讨论时间的数量分布如何？哪一部分出题最多？

- 关注围绕考试进行的课堂讨论。
  - 把自己通过考试得到的进步之处记下来。
  - 改正错误答案，写出更好的答案。
  - 认真听取老师的讲评，思考如何在以后的考试中加以运用。
- 把所有的考试资料都保存在家庭学习档案系统中。

考砸了怎么办？

- 求助于：
  - 老师。
  - 图书管理员（去借参考书）。
  - 家庭成员。
  - 朋友或班上学习好的同学。
  - 家教以及其他学习过这些课程的成年人或学生。
  - 额外参考：教学软件、其他同类课本、学习小组。

拾遗

1. 始终做一个积极的学习者：去听、去看、去说、去写、去做！
2. 有效运用思维技巧。选择最能让你在学习中扬长避短的学习方法。
3. 练习问题解决和科学决策的步骤。
4. 要准备好和老师一对一讨论。
5. 使用对自己有利的发问技巧。
6. 采用好用的拼写方法。
7. 对独立的学习项目要拟定和采用"攻坚"计划。
8. 在学习中要应用发散思维模式。
9. 努力用更高的思维技巧来整合信息。
10. 学习如何最有效地利用时间。

成为积极的学习者

为什么要做积极的学习者？

要想真正理解、传授、应用、记忆或者回想起某些信息，你就需要积极投入到学习过程中并应用这些信息，而不是仅仅停留在把纸面上的东西读来读去。对我们中的大多数人来说，大约在第二次阅读书面信息时，我们的大脑已经吸收到了我们想要学到的信息。但你需要做些其他事情，让脑子对此形成长久记忆。

要努力集成所有感官的能力，从而不断锤炼形成高超的学习技巧。各个感官"齐抓共管"必能更好地帮助你在脑海中整合、固化信息。

记住要同时进行以下动作：

听： 学习时不停地大声念给自己听，说出了也听到了。

看： 在说和听的同时，盯着看。

说： 在学新的学习内容前，至少大声读三遍。

写： 做课文阅读笔记，写在 3 英寸×5 英寸的卡片上。在大声诵读的同时，记下内容清单等。这能有力地促使你通过不同的途径学习，而不是仅仅依赖于反复阅读。

动手做： 运用动作，在诵读的时候，可以走路或者踱步，比划着表达信息内容，在镜子前念。制作知识结构图、浏览学习卡片等等。

采用下面的建议来设计主动学习的方法。

学习模式

- 参阅第 17 页，对左/右脑学习者的行动建议。
- 参阅第 23 页，对不同学习模式的建议。

时间管理和学习规划技巧

- 第 34 页，规划你的学习资源！
- 第 40 页，彩色编码的妙用。
- 第 47 页，强化自我约束：使用待办清单。
- 第 50 页，使用学习月历。
- 第 56 页，安排你的学习时间。
- 第 62 页，学习时间内的当做之事。
- 第 64 页，学前热身。
- 第 65 页，聪明学词汇。
- 第 68 页，周复习（全课程）。
- 第 73 页，瞄准问题找对答案。

学会学习　**245**

改善你的思考技巧

　　为了掌握富有成效的思考技巧，你必须掌握信息，必要时要改变方法，还要学会从不同角度全面地看问题。思考的技巧可以通过持久而有意识的努力来获取。你必须有目的地在思考中运用"问题-解决"策略，并敞开心扉追求创意性的解决方案。

　　下面这些主意能让你更敏锐地思考，提高你的决策能力和创造性。如果能择善而从之，你将会惊叹其如此卓有成效。

学会全面看问题

- 分解问题，洞察细节。
- 发现隐藏在事物中的规律性。
  - 年代顺序。
  - 因果。
  - 比较、区别。
  - 序列。
  - 问题和答案。
- 考虑周遭环境以及当下正在发生的变化。
- 考虑你的总体目标和期待结果。

灵活地展开思考

- 进行头脑风暴，穷尽万般可能。
- 努力独辟蹊径，想出全新方法。
- 把你的想法写出来，以便每天都能关注。
- 与其他同样需要这个问题的人士相互切磋。

练习决策

- 像绝大多数事情一样，决策也是熟能生巧。
- 把自己的目标搞清楚、定下来，想通自己究竟要干什么。
- 仔细研究环境，努力察觉未知的状况。

正视变化

- 努力以积极心态正视变化。
- 看到变化有利的方面以及为了自己与他人，你还能做些什么以图改善。
- 看看能做些什么以变害为利。
- 记住不思提高的思考就是无效的思考。

学会从利弊两个方面看变化

- 把一张纸按垂直方向折起来。
- 在左侧的顶端写个"+"。
- 在右侧的顶端写个"−"。
- 当遇到困难的任务或者决策时，把所有正负两方面的因素都写下来，别管其中有些看起来有多琐碎或者多愚蠢。
- 权衡正负两方面的因素，谋定而后动。

解决问题

　　老师不只是站在讲台前传授知识的人。打开学生的头脑，把宝贵的知识灌输进头脑中的每个沟回，这是一个多么神奇的过程！但是，教育的伟大还不止于此。

　　老师喜欢和学生分享他们通过书本和实践得来的知识。他们希望学生理解自己讲授的概念。通过教学实践，老师不只鼓励学生运用他们所学到的知识，更进一步激励他们对所学知识进行论证、思考、质疑和引申联系，以更好地实现学习的意义。

　　要把自己的思想统一到老师的教学意图上。当你不能顺利融入一位老师的课堂教学活动时，因个人原因不喜欢一位老师时，或者两者兼而有之时，你很容易对这位老师的优秀素质视而不见。静思即知，跟着一个自己喜欢和欣赏的老师当然学习效果更好。但就是有些老师，他们传道授业的方式不讨你喜欢，那该怎么办？就是不喜欢一个老师或者发现沟通起来有困难时，又该怎么办？也罢，就允许自己任性一回吧；然而，也必须把自己的精力全部转移到学好课程内容的积极想法上。同时要对老师表现出足够的尊重和礼貌，你未来的成功取决于你面对现状尽力周旋求胜的态度和决心。一定要记住老师也是常人，如果你能学会一些重要的"做人技巧"，生活之路就会更平坦一些。

解决问题的步骤

第一步 ☞ 勇于面对——你确实遇到问题了。

即使你认为这完全是别人的错误（老师的）也无济于事，因为这个问题实实在在困扰着你。所以，还是把问题认领了吧。

第二步 ☞ 努力识别问题。

确定究竟是什么困扰和妨碍了你。真是这个人或其所为吗？和你面临的其他任务比起来，解决这个问题的重要性程度如何，值得花费这么多时间和精力吗？如果能认清问题的实质，那么就可以开始寻求解决问题的方法。

第三步 ☞ 权衡选择。

你可以选择放任问题，并空耗精力，影响学习，你也可以允许自己厌恶（甚至）痛恨这个问题，但决然转身，把精力投向"积极之路"。走在"积极之路"上，你能不断有所斩获，你会感觉身心更加和顺，而走在"消极之路"上，则会让你筋疲力尽，在这条路上你会颗粒无收。告诉自己："我不喜欢，但是我接受。现在我关心的只是为了实现自己的目标，我该如何行动？"换句话说，"我不喜欢这门课或这个老师，这没什么大不了。现在关键在于，我怎样做才能掌握这门课程的知识，才能拿到理想的分数？"

第四步 ☞ 思考若干方案。

要认真、务实。这些解决方案是否切实可行？我能不能对每个方案都实实在在加以尝试验证？每个方案的后果如何？把各种解决方案都写在一张纸上，如果时间允许，认真加以思考。选出你认为最好的两三个方案。如果有必要的话，在确定选择之前，对每个方案都实际运用一下。

第五步 ☞ 把你的解决方案应用于实践。

首先要有一个积极的态度。你的解决方案是经过环环相扣的思考得来的，所以你要对自己的"总攻方案"充满足够自信，把这个过程看成一个学习过程。如果将来你不得不面对相同的问题，你已知之甚多。如果你对别人主动亲近，你就会得到积极的回应。如果你的方案效果不理想，那接着尝试，反正别半途而废！在这个过程中你可能获益无穷，但一无所失。要仔细评估你的决策、选择和解决方案。

与老师一对一交流

　　假如你在理解某门学科的内容或者某个老师的授课时出现问题（误解、不理解、有问题或者需要额外帮助），可你却不知道通过什么渠道来接触到老师。其实事情比你想象的容易得多。按下列步骤行动，你将安享成功！

　　1. 在和老师会面之前，想好自己想向老师请教或者和老师讨论什么问题。如果有必要，就写在纸上。

　　2. 把你准备和老师展开交流的步骤、方式以及准备提出的问题和要做的陈述，在心中和口中排练几次。

　　3. 选择一个合适的时机，老师手头没有急事处理也没有在和学生或其他老师交流，最好是一个老师能够全身心地和你展开交谈的时间。如有必要，就提前约好。

　　4. 早到一两分钟，如果有必要也可安排在课后进行。

　　5. 先做一个态度积极的开场白，然后简明扼要地把你的需求提出来。例如：对您的授课内容（实验、课堂讲授）我真的十分感兴趣。但是，最近我在理解上有些困难，学得有点吃力，我想您能指导我如何才能让自己摆脱被动。

　　6. 对老师的指导和建议，要积极认真倾听并做好笔记记录。感谢老师拿出专门时间和自己交流，并向老师承诺你将努力把他的指导和建议应用到以后的学习过程中。

　　7. 告诉老师你想在两周后（或者其他合适时间）和他再见面，以便分享自己的进步并听取他的进一步指导帮助。

　　8. 想方设法表达自己对课程内容的兴趣，包括积极参与讨论，提出深思熟虑的问题，努力运用老师在交流中提供的建议和想法等。

　　9. 最重要的是，保持积极、谦和的心态，愿意发现己所未见，踊跃尝试老师所教。

阅　　读	书　　写	思　　考
确定目标	流利	回忆、记忆
确定速度	书写清晰	理解概念
有效记笔记	拼写正确	形象化
识别信号词	记笔记	理解组织模式
浏览材料	清晰有条理地表达	批判性思考
形成体系	创造性	头脑风暴
提问	校对	分门别类
背诵	自我表达	放松
复习	阅读	
确定中心思想	积极思考	
努力记住	学习目的性	
推测	总结	
读图	概念的联系和转化	
理解	理解中心思想和支持细节之间的关系	
词汇扩张	评价	
流利	好奇心	
书写		

课堂技巧	个性特征	应试技巧
积极听讲	好奇心	梳理信息
记笔记	真切的求知愿望	认识焦虑感
发言（清楚地说出想法）	耐心	回忆、记忆
头脑风暴讨论技巧	懂得学习知识	练习
应试技巧	愿意冒险	超量学习
完成家庭作业	开放的学习态度	规划日程
整理作业和笔记	条理化	考试智慧
分门别类	区分优先级	条理化
快速定位查找信息	愿意实践	积极的态度
联系概念	设立目标	集中精力
提问	积极思考	思想专注
灵活阅读	毅力	
集中精力	理解混乱和无聊的事物	
展现兴趣	灵活性	
表现尊重	务实而富有成效的利用	
耐心	时间	
理解指导语		
自我承诺的知识		
独立		

创造性的问题解决步骤

1. 识别和描述问题。
2. 明确认识问题的重要性。
3. 提出问题的备选解决方案。
4. 对备选方案进行评估。
5. 形成并评估行动计划。

发散思维特征

流利性	原创性	灵活性	细致阐述
● 产生想法	● 独特想法	● 想法改变	● 想法扩展
● 头脑风暴	● 不一般的品质	● 头脑风暴	● 补充细节

布鲁姆分类

思维从易到难的几个阶段：

记住=能回忆起或者记住信息

（定义、列出、记忆、重复、命名、再现、复制）

理解=对概念和看法进行解释

（讨论、说明、识别、分类、认识、选择、翻译、复述）

应用=以新的途径运用信息

（图解、选择、抽象化、展示、诠释、解决、操作、书写）

分析=在不同的部分间进行区分辨别

（比较、对比、区分、差异化、质疑、检查、实验）

评价=为一种立场或者决定辩护

（争辩、辩护、选择、评估、支持、判断、鉴定、考核）

创造=创造新产品或建立新观点

（设计、开发、建造、组装、创造、制订、书写）

加德纳的 8 项复杂智力理论

1. 口头/语言优势型

这种智力类型的学生有着高超的语言技能，经常通过语言进行思维。他们能很好地完成书面作业，喜欢阅读，在沟通和表达方面很擅长。

2. 逻辑/数理优势型

这种智力类型的学生能进行抽象思维，能处理复杂概念。他们能轻松地识别各种构想的模式和关系。他们愿意与数字打交道，愿意进行数学运算，喜欢借助逻辑和理性工具来解决问题。

3. 视觉/空间优势型

这种类型的学生喜欢借助图像、信号、颜色、画面、图案和形状进行思考。他们喜欢完成需要在"心中看见"的任务，即需要他们形成思维图景、需要推测、需要假想，或者形成影像。

4. 身体/动觉优势型

这种类型的学生具有很强的身体意识和敏锐的动作感知。他们能很好地用身体语言、身体姿态、动手活动、动态演示。

5. 音乐/节奏优势型

这种类型的学生喜欢音乐、音响、节奏模式以及变调和变奏。他们喜欢听音乐，喜欢自己作曲，喜欢理解和演奏音乐，喜欢在背景音乐下学习。

6. 内向自省优势型

这种类型的学生宁愿独自学习，因为他们善于自省，能够自我激励，而且他们的个人感觉、信念、气力和思考过程能够协调一致。他们对内在的激励比外在的激励反应更强烈，当面对个人挑战和独立的学习机会时，他们会展现出更高的智商和洞察力。

7. 人际关系优势型

这种类型的学生对他人有着敏锐的理解力。他们十分擅长建立有意义的同学关系，能设身处地地理解别人，有良好的团队技能，经常能成为人际冲突中的调和者和缓冲者。

8. 自然优势型

加德纳把自然优势型的人定义为能识别植物种类和动物种类以及自然界其他的重大区别，并且能卓有成效地运用自己的能力。自然优势型的人在理解模式、关系和自然联系方面展示出独到的能力。

能引发深层次思考的问题

- 为什么？
- 假设是这样，然后呢？
- 你是怎么知道的？
- 这是你的观点吗？
- 你这么说的理由是什么？
- 这样你看可行吗？
- 还有其他办法吗？
- 对这个问题你还有其他的看法吗？

学习和复习中的好问题

- 你能简要总结刚才阅读的内容吗？材料重点是什么？为什么？
- 你能解释你的答案吗？
- 你能否举例说明它们为什么重要吗？
- 你是否同意？原因何在？
- 你是怎么得出答案或者结论的？你的思考步骤是怎样的？
- 哪些事实能支持你的论点，你还能想出此处未能论及的其他事实吗？
- 你能否把这些观点运用到其他场合或者信息中？
- 你能向这个主题添加信息或者能否把它与你已经掌握的
  信息比较吗？

回答问题的步骤

第一步 ☞阅读。
- 仔细阅读问题。
- 这个问题在问你什么？
- 你理解题目中所有词句的意思吗？
- 在关键字句下面画线。

第二步 ☞决策。
确认这是一个事实题还是思辨题。

第三步 ☞定位。
思索与问题相关的信息。把这些信息用自己的语言写出来。

第四步 ☞梳理。
看你的回答是否切题？是不是圆满地回答了题中所问？

学习知识的通用步骤

- 把它和你对这个主题已经掌握的信息联系起来。问自己："对这个题目或者主题我已经了解了哪些信息？"
- 理解这个信息之所以重要的原因，思考你将如何运用。问自己："为什么听到这个信息很重要？我将如何运用？"
- 回顾自己以前的学习经历，思索可行的学习策略。问自己："为掌握这些知识信息我已经做了哪些努力？需要怎样改进？"
- 对这些知识信息进行梳理归纳。问自己："我能识别出材料的主题论点、分论点、细节和事例吗？它们之间是如何相互联系的？"
- 对材料进行细分，把主要论点和相关细节联系起来。问自己："为了便于学习，我该怎样分解整个学习材料？我怎样才能把整篇材料分成几个大的主题领域，然后把相关细节和每个主题联系起来？"
- 把这篇材料讲解给其他人听："我能否把如何学习这篇材料的系统方法和技巧向人家表述出来？我会不会创建和使用知识结构图？我会不会使用记忆法？"

怎样思考

- 通过书面或口头方式与他人沟通这些信息。
- 进行实验尝试形成自己的观点。
- 持续地回顾、评价、分析这些信息。
- 加以概念化，把新观点新信息和老观点、老信息联系起来。
- 用演绎法和归纳法对信息进行解读。
- 练习灵活地思考。
- 运用"问题-解决"策略。
- 运用已知事实。

影响注意力的因素

- 你的心情和态度。
- 身心状况。
- 紧张程度。
- 自我调整工作生活节奏的能力。
- 控制情绪冲动的能力。
- 控制分心走神的能力。
- 学习内容的多寡和学习节奏的快慢。
- 你的学习目标和你对自己诺言的理解。

控制紧张感

压力既能激励人也能压垮人。好的压力能帮助人成功完成特定的项目和任务，并随即消失。而坏的压力即使在你已经完成项目或者任务后，也不会消失。它能抑制你的创造力，侵蚀你的成就感，并在身心两方面产生负面影响。

通常不论是好的压力还是坏的压力你都能控制它。坏的压力不止影响学习，对生活也会产生负面作用。要降低压力就需要养成好的时间管理技巧和整顿技巧，这样你就能在高效完成任务的同时，收获节省时间的额外礼物。质量，而不是数量，才是关键。

思考下面这些"压力克星"，运用这些措施来改进现状，并尝试找出新办法。

- 排定优先级。
  - 确定哪些事项值得花费时间和精力，哪些事项不配。
  - 按照事物真实的重要性排序。
  - 把让人紧张的和让人放松的事项都列出来。
  - 确定哪些事项需要修改、整合或舍弃，哪些非常必要。
  - 给每件需完成的事项分配时间，对每一事项都把时间落实到每天的特定时间段。
  - 如果安排得当、进行顺利，别忘了奖励自己。
- 认真设定并追踪目标。
  - 持续对自己设定的目标进行"有效性检查"。是否切实有效？是否必要？能否完成地令自己满意？不要因为执着于未能按期完成或没有必要的目标而自找压力。不论何时，感觉有必要的话就进行修正。

- 始终把目标和每日学习活动日程联系起来。
- 当别人的目标和你的目标有冲突时，要尽可能快地解决。
- 每日追踪目标的完成情况；持续的正向反馈大有必要。
- 要睡好觉。
  - 努力保持规律的作息时间。
- 每天做好计划。
  - 当新的一天开始时，拿出十分钟时间对自己的日程安排进行斟酌评估，并据此形成"待办任务"表（参阅第 47 页）。
- 使用行事历。
  - 把大的任务分解成小任务，并为每项任务制订完成期限。
- 使用任务书或者日计划书。
  - 如果把某件事写下来，记住和完成的几率能提高十倍。
  - 写下来并间或回顾所花的时间，比因为没有记下来所以得时时提醒自己记住所花费的时间少很多。

- 使用布告牌或者白板。
  - 把信息张贴出来对自己是一个很好的提醒。
  - 这给你的各种便签、行事历等提供了一个专门的地方，以免乱放。
- 使用带不干胶的便条。
  - 这些写着待办事项的便条可以贴在任何方便之处，随时随地给你提醒，以免遗忘。
- 避免干扰。
  - 当你学习的时候，启动电话自动应答功能或者让别人代接来电；这能减少你思路被打断后不得不再度努力集中精力的沮丧感。
  - 把注意力聚焦在完成每一阶段的任务上，努力排除头脑中的杂念。

- 收拾你的学习场所，以便节省时间避免分心。
  - 购置有用的收纳用品以归置物品（抽屉分割盘、纸盒、彩色编码文件夹等）。
  - 桌面上不要放置任何分心之物。
  - 没用的东西要丢掉；不要每次都得在废物海洋中游弋一番后才能找到所需之物。
- 建立一套对自己切实有效的调整体系。
  - 任何让你感到沮丧的压力源，一注意到就要尝试去改变；努力让自己保持弹性、保持耐心。
  - 这套体系用起来要方便、舒服。
- 使用钟表以利于控制时间。
  - 在做事或者安排行程时都要留出余量。自动把合适的时间加入日程表以免担忧。
  - 外出时尽量早到 5~10 分钟，完成任务时最好早个一两天；让自己体验从容自如的美好感觉。
  - 在开始完成一项作业或者任务之前，首先估计一下需要多长时间。
- 制作待完成任务表（参阅第 47 页）。
  - 与其为担心忘了什么事情而惴惴不安，不如把这项任务直接写下来以避免忘记带来的尴尬。
  - 分清各项任务的轻重缓急，然后合理分配一天的时间会大大提高成功的可能性。
- 可能的情况下，把有些活动合理归并。
  - 投入时间和精力来预防压力产生，而不是增添压力。
  - 坚持问自己："怎样来完成这些活动、作业、任务、差事，才能避免压力产生？
  - 在任何项目中努力快速发现潜在捷径。
- 练习说不。
  - 对根本就不需要做的活动和任务，或者根本就没有时间完成到让自己满意程度的事情。
  - 在应承之前，考虑自己的体能和情感能量是否允许。

- 选最好的时间做事情。
  - 了解一天之中自己的最佳时间段，安排为自己的学习时间（此时你最易专心，学习能力最强）。
- 制订日程表并坚持执行。
  - 坦诚地认识到自己"能够自控"和"难以自控"的时间段，并据此安排日程（你不可能在任何时间控制任何局面）。
  - 要有选择性；不要让自己投入没有资源支持，难以成功的事情。经常问问自己，"这事切实可行吗？"
  - 要有弹性；不要给自己造成不必要的负担，要乐于探究，能主动抽时间坐下来研究总结计划顺利完成或未能完成的原因。
- 始终要致力于大幅提升能够专心、高效学习的时间。
  - 努力提高学习效率，让自己的时间更加宽裕。
- 预测问题并预先计划有效的应对方案。
- 不要拖拉犹豫：说干就干！
- 每周都对自己的时间利用效率尽行评估。
  - 识别并消除不必要的紧张状况。
- 当你忙于工作学习，不想被外人打扰时，要发出适当的"信号"。
  - 门上挂一块"学习中：请勿打扰"的牌子。
  - 和家人以及好友讲明自己的学习时间安排，并坚持执行。
- 建立并保持积极的人际关系。
  - 抽出时间来建立积极的人际关系。
  - 对别人的需求（空间、时间要求等）保持敏感性和灵活性。
  - 在得体可行的情况，对让你产生负面情绪及紧张感的人退避三舍。
  - 当这一愿望确实不可行时，干脆允许自己不喜欢这个人、这种状况，明智地转向其他积极、正面的行动以降低紧张程度。
  - 在你的目标、个人价值观和要紧的事情、家庭、活动、朋友、社会活动之间达成平衡。变得活跃、积极比变得消极、应付更省事省力。

- 笑。
  - 一般人每天笑 15 次。你一天笑几次？
  - 笑有以下功效：
    - ▲ 缓解紧张感。
    - ▲ 放松肌肉。
    - ▲ 释放体内自然生成的镇痛剂。
    - ▲ 提高心理警觉、注意范围和感官知觉。
    - ▲ 提高协作能力和产出水平。
    - ▲ 提升免疫系统水平。
- 接近自然。
  - 每天拿出 5 分钟看看鱼池、观察一下动物、眺望一下窗外的风景。
- 运用冥想或者熟练的放松技巧。
  - 让自己的思绪神游到任何令人轻松之所。
  - 让人帮着捏捏颈、肩、脚。
  - 选择一个吸引自己注意力的目标以有意识地放松。
  - 学习生物反馈技能。
  - 想想令人振奋的事。
  - 把放松列入常规日程。
- 正确饮食。
- 欣赏音乐。
  - 学习时别听。

- 给自己的业余爱好留出时间。
- 有规律地进行体育锻炼。
- 泡个澡或者冲个淋浴。
- 搞清"压力源"是什么。
  - 这既可能是令人高兴的事情，也可能是令人不快的事情。
  - 注意自己是如何处理这两类情况的，这样处理对自己产生了什么样的效果。
- 在合适的情况下，至少每天一次，找到安静的环境。
- 一发现自己开始紧张，就进行深呼吸。
- 告诉自己，明天会更好。

超级拼写系统

在运用这个系统时，把你的拼写表分成三词一组。一次只学习一组。

第一步 ☞拿出 2～3 分钟学习这些词汇。

- 专心聚焦每个单词的以下特征：
  - ▲ 单词中出现两次的字母（bookkeeper-kk）。
  - ▲ 词中词（tremendous-mend）。
  - ▲ 字母排列的图案性（interpret）。
  - ▲ 复合词（motherhood=mother+hood）。
  - ▲ 音节数量。
  - ▲ 前缀、后缀（in-/im-开头，-er/-or 结尾）。
  - ▲ 例外规则。
- 在头脑中快速形成画面。
- 联想到废话。
- 把每个单词大声念三遍。
- 回顾并运用合适的拼读规则（参阅 264～265 页的拼读规则）。

第二步 ☞进行一次模拟测验。

- 让别人向你说一下这个单词，并用这个词造一个句子。
- 把这个单词写下来（不要口头拼读单词，因为在考试时不允许）。

第三步 ☞订正答案。

- 说出这个单词。
- 让别人拼读单词，照他念的抄写在你的拼写边上。
- 两相对照。

第四步 ☞拼写不正确的单词重写一遍。

- 写的时候，口头重复每个字母。
- 记住：**听、看、说、写、用，缺一不可！**

第五步 把所有这些单词都记在 3 英寸×5 英寸的卡片上。

■ 在曾经拼错的单词边上标注星号。

第六步 再次进行测试。

■ 根据卡片订正自己的拼写。

■ 在查验卡片时拼读每一个单词。

■ 把所有拼错的单词都重新写一遍。

第七步 把卡片贴在每天能看到的地方。

■ 自己的房间、张贴栏、镜子（在左上角）等。

■ 学校储藏柜的门上。

■ 冰箱门上。

■ 夹子里。

■ 衣服兜里（食堂排队或者等上课时都能拿出来看看）。

■ 那些特别难的单词，可以一个单词写在一张卡片上。

拼读规则

- 以下列出的拼读规则是英语中最常用的。几乎每个规则都有具体的例外。不过，这并不能包罗万象。如果需要进一步的帮助，还是要参考语法手册。当有疑惑时（或者仅仅是看着"不太像"时），也要查字典来释疑解惑。
- ie/ei。
  - "I 一般在 E 前，除了在 C 后面的情况或者发 A 的音，比如在 neighbor 或者 weight 中。"
    - ▲ 绝大多数情况下，是"ie"。
    - ▲ 当不发长音"E"（ee）时，一般拼写为"ei"（例如：neighbor、weigh、beige、eight）。
    - ▲ 当出现在 C 后面，写作"ei"（例如：receipt、ceiling、receive）。
- er/or/ar/ur 结尾。

绝大多数词以"-er"结尾。

例 外		
"or"	**"ar"**	**"ur"**
ambassador、bachelor、calculator、debtor、elevator、endeavor、governor、honor、humor、liquor、mayor、mirror、operator、professor、refrigerator、splendor、sponsor、visitor	beggar、burglar、familiar、grammar、nuclear	chauffer、connoisseur、entrepreneur

- 不发音的"e"结尾（后缀）。
  - 当后缀以一个元音开头时，把"e"去掉（例如：prime/primary、serve/service、like/liking）。
  - 当后缀以辅音字母开头时，保留"e"（例如：nine/ninety、care/careless、peace/peaceful）。

- "y" 结尾（后缀）。
  - 元音+"y" 的词=没有任何变化（例如：buy/buyer、joy/joyous）。
  - 辅音+"y" 的词=把"y"变成"i"，然后加后缀（例如：city/citified、fry/fried、lady/ladies）。
- 双写最后的字母。
  - 单音节词+一个元音+一个辅音=在加上后缀前双写最后一个字母（例如：pan/panned、stop/stopped）。
  - 多音节词+一个元音+一个辅音（重读最后的音节+以元音开头的后缀）=双写最后一个字母然后加后缀（例如：forbid/forbidding、begin/beginning）。
  - 以"x"和"w"结尾的词是例外（例如：box/boxed、tow/towing）。
- 复数（名词从单数变复数）。
  - 绝大多数词尾直接加"s"。
  - 以 sh、ch、x、s、z 结尾的单词，加"es"（例如：box/boxes）。
  - 元音+"o"结尾，直接加"s"（例如：rodeo/rodeos）。
  - 以"o"结尾的音乐术语，加"s"（例如：cello/cellos）。
  - 以"ful"结尾的词，加"s"（例外：在句子中使用时要当心；"two teaspoons full"和"two teaspoofuls"是有区别的）。
  - 以"f"结尾的词，按照它的复数形式的发音来决定复数的拼写形式：
    - ▲ 发"f"的音时，加"s"（例如：roof/roofs）。
    - ▲ 发"v"的音时，把"f"变成"v"，然后加"es"（例如：wolf/wolves）。
  - 复合词（由连字符号构成的词或者短语中的词），在主词后加"s"或者"es"（例如：matrons of honor、sisters-in-law、heads of state、courts martial）。

一些特殊的例外完全改变或者有不止一种拼写方式

美　　国	英　　国	单　　数	复　　数
flavor	flavour	radius	radii
kilogram	kilogramme	child	children
theater	theatre	die	dice
wagon	waggon		
medieval	mediaeval		

父母在家里如何帮助孩子学习

　　作为父母，你既有权利也有责任为自己的孩子制订一套长期一贯、公平恰当、务实可行的规矩。如果能接受并运用以下建议，你就能支持并帮助你的孩子成为独立、主动的"学习能手"。

- 寄予厚望（也是理性的）。
- 帮助孩子探寻并建立切实可行的目标。
- 教会孩子成功地化解压力。
- 对孩子参与校内外活动的数量加以控制。活动过多会导致过度紧张。
- 坚持和孩子就日常活动进行交流。在机会合适的时候，可以问点能启发孩子思考的"高水平"问题，而不是总问能轻易用"是"或"否"回答的简单问题。
- 每天给予孩子正面的评价和鼓励。
- 建设性地批评。及时、踊跃地反馈。
- 鼓励孩子多动手：厨房化学、数学烧脑谜题、互动的电脑游戏、桌面游戏等。
- 识别并及时满足当下的"热望"。带孩子到图书馆、博物馆，或者去参加感兴趣的社区活动。
- 帮助孩子建立良好的时间管理技巧，并时时督促检查。
- 高度重视孩子的学习时间。帮助孩子把学习时间经营地更积极、更有效率、更出成果。
- 鼓励孩子学会学习。参考本书掌握有效的学习技巧和问题解决策略。
- 和孩子一起讨论学习目标。孩子现在的学习目标是什么？一年后呢？五年后呢？
- 清楚怎样你才能帮助孩子达到最好的学习效果而且要时刻记住把握利用好这一点。要针对个人的学习风格，运用合适的学习技巧。
- 要优先重视阅读并实际体现出来。读给孩子也读给自己听。
- 鼓励培养良好的听说技巧，尽量多写。
- 对孩子看电视、玩电子游戏和玩手机，要给予监督和控制。

- 让孩子吃好一日三餐。
- 全家人共进晚餐。利用这个愉快的时刻，交流一天的见闻，不要在吃饭时训斥孩子，也不要在这会对一些事追根刨底。
- 在孩子面前，要用积极的语气谈论老师。
- 鼓励孩子参与学校组织的"额外"活动，在同一时间段尝试一两个活动即可。
- 了解孩子的课程进度，知道留的什么作业。
- 知道学校的作息时间和课堂要求（作业晚交和补救措施）。
- 查阅校历，了解学校即将举办的活动、项目、会议等信息。要通过积极关心参与孩子的学习生活体现你对教育的热心。
- 向老师通报信息、参加学校组织的活动，经常到访，参加志愿服务。
- 了解老师是否，什么时候能提供额外帮助。
- 在合适的时候，去拜会老师，按时积极参加安排好的家长老师见面会。

求助！孩子厌学怎么办！

知道这不是你自己独有的问题，可能会让你稍微心安一点。不论作为一位家长，你有多么望子（女）成龙（凤），首先你自己必须在自律和决策方面给孩子树立榜样。这是从孩子懂事到成家立业，一个持续不断的学习过程。他们将终其一生，践行这些价值。所以现在就开始吧，永远都不嫌晚！

首先给孩子一个积极的声明：你有很大的决定权来自主行事。如果你选择展示出不需要提醒，自己也能一以贯之地坚持下去的良好学习习惯，你就在其他事情上也享有这种自主权。如果你选择不学习，安于成绩差，那你就别想在其他活动上自己做主了。

要向孩子解释，任何选择都有正负两方面的影响。选择努力学习，争取拿好成绩和选择不学习一样都是理性审慎的决定。通过展示（不是口头说说或者许诺）自己一以贯之的学习习惯（不是三天打鱼，两天晒网），你的孩子也能选择以同样的态度参与学校、家庭和朋友间的活动。

作为父母，你们有权利和责任强化孩子的选择。孩子需要看到父母给予他们支持和充满爱意的引导。要强化"不学习=没活动"这个规矩！比如，当这周三孩子决定不学习时，要提醒他，决定不学习也就意味着放学后放弃和同学玩，放弃了看电影或者玩电子游戏。

等到让行动兑现，比"如果你现在不学习，就不能和朋友玩，不能看电影玩游戏"这样的口头威胁有效得多。这能形成更加持久的印象，直到某天他需要再次提醒以前的错误决定曾对他造成多不利的后果。行胜于言，效果翻倍。

要记住持之以恒，不要絮叨提醒，在这里，作为父母的榜样力量远大于作为朋友。作为父母，你更需要做正确的，而不是挑容易的。

第一步 👉 选择一个主题。

- 通读书本和相关资源性学习材料。
- 和家庭成员、朋友一起头脑风暴，集思广益。
- 与自己的兴趣和爱好同行。
- 利用网络资源。
- 阅读近期的报纸和杂志。
- 看电视新闻。

第二步 👉 限定主题。

- 限定主题并考虑以下内容：预想文章长度，预期投入的课内课外时间，你的资源渠道，你的时间安排。
- 主题要尽量聚焦，以便你能进行透彻探讨，但探讨的深度要以能搜集到的、可资参考的材料为限。
- 要形成你意欲回答的明确问题。要避免用"是或否"，或者一个词、一个短语构造的答案。

第三步 👉 审题。

- 你能实实在在地找到多少信息来搜索问题答案。
- 所需资料在哪里容易找到？从媒体中心还是知识达人那里？你能把这些资料带回家吗？
- 你能按期完成任务吗？

第四步 👉 选择自己的资源。

- 书籍、小册子、杂志。
- 电视、视频。
- 人物（访谈、调查、问卷）。
- 网络。
- 图表（各种表格、示意图、统计图、图片）。
- 实验，运用自己的理解与判断。

第五步 👉 安排时间。

- 把自己的时间划分为能有效利用的单元。考虑以下因素：
  - ➜ 图书馆或媒体中心的离馆时间。
  - ➜ 快递服务（如果你要邮寄一些资料的话）。
  - ➜ 拜访客人的时间（以及安排时间）。
  - ➜ 上课时间和课外作业时间。
  - ➜ 报告或项目的提纲、初稿、注释、封面以及其他步骤的时间节点安排。

第六步 ☞ 开始研究。

- 在媒体中心或者图书馆开始工作。从以下领域搜索和你研究主题相关的信息：
  - ➔ 在线图书卡片目录。
  - ➔ 年鉴、地图。
  - ➔ 搜索引擎、网站。
  - ➔ 视频中心（光盘、录像带）。
  - ➔ 参考书库。
- 对有用的参考书记下书名、作者、出版商，以及有用信息所在的页码（把书籍编码和上架位置也记下来）。
- 动笔写作之前，要把参考资料都浏览一遍。这是省时省力的两得之举。
- 保持条理性。
  - ➔ 把和研究主题相关的所有材料都在笔记本、资料盒、卡片归档系统、计算机文档中加以保存。
  - ➔ 对主题、报告的不同方面都设一个笔记本或者单独的章节，对获取的相关信息进行分类记录。
- 在搜相关资源遇到问题时，可向老师或者图书管理员请教（一些媒体专家可能知道一些被你忽略的信息来源）。
- 各类资料，来源越广越好（当然指与研究题目契合的资料）。

第七步 ☞ 梳理和呈现你的研究成果。

- 要有创造性。要思考呈现资料或信息独特方式（当作业本身有这方面要求时），比如：
  - ➔ 幻灯片。
  - ➔ 木偶演示。
  - ➔ 真人访谈。
  - ➔ 自创教具说明。
  - ➔ 新闻广播。
  - ➔ 猜谜和游戏（与其他同学合作）。
  - ➔ 视频。
  - ➔ 三维模型或者演示。
  - ➔ 电脑绘图。
  - ➔ 口头演说（穿演出服）。
  - ➔ 小册子或者活页。
  - ➔ 发言或者证明书（穿演出服）。
- 务必要：
  - ➔ 提前排练。
  - ➔ 检查所有的材料，保证顺序正确。
  - ➔ 所有准备工作提前一天左右完成，以便临近最后一刻的思考也能从容添加进去，自己也能从容而不至于紧张忙乱。
  - ➔ 检查一下作业的最初要求，确保你的项目或报告圆满符合所有要求，回答所有的问题，符合所有准则。